走近轨道交通科普系列丛书

TRAMWAY
走近有轨电车
建造篇

张中杰 主编
陈锦剑 朱观华 副主编

同济大学 出版社
TONGJI UNIVERSITY PRESS

图书在版编目（CIP）数据

走近有轨电车. 建造篇 / 张中杰主编. —上海：同济大学出版社，2022.5
（走近轨道交通科普系列丛书）
ISBN 978-7-5765-0199-5

Ⅰ.①走… Ⅱ.①张… Ⅲ.①有轨电车－电气化铁道－铁路工程－青少年读物 Ⅳ.①U482.1-49 ②U227-49

中国版本图书馆CIP数据核字（2022）第069063号

走近轨道交通科普系列丛书
走近有轨电车——建造篇

张中杰　主编

陈锦剑　朱观华　副主编

| 策划编辑 | 陆克丽霞 | 责任编辑 | 陆克丽霞 |
| 责任校对 | 徐春莲 | 装帧设计 | 潘向蓁　王　翔 |

出版发行　同济大学出版社　www.tongjipress.com.cn
（地址：上海市四平路1239号　邮编：200092　电话：021-65985622）

经　　销	全国各地新华书店
印　　刷	上海安枫印务有限公司
开　　本	710mm×1000mm　1/16
印　　张	9
字　　数	180 000
版　　次	2022年5月第1版　2022年5月第1次印刷
书　　号	ISBN 978-7-5765-0199-5
定　　价	58.00元

本书若有印装质量问题，请向本社发行部调换　　版权所有　侵权必究

走近轨道交通科普系列丛书编委会

主　　　编：张中杰
副　主　编：陈锦剑　朱观华
编委会成员：王浩然　陈　希　姚　幸　沈继强
　　　　　　刘苗苗　金建飞　郭伟华　王君如
　　　　　　李明广　吕培林　邵雪莹　廖晨聪
　　　　　　吴　航　张栩衡　陈　晨　秦　舒
　　　　　　张劲松　刘士煜　裘珍妮　吕圣华
　　　　　　全英格尔　严　妍

总 序

城市轨道交通作为一种绿色低碳的城市交通系统，是目前解决我国城市交通问题和大气污染问题的最佳方式。早在20世纪90年代末，国内就已掀起了城市轨道交通建设的热潮，并且范围越来越广。随着城市轨道交通建设如火如荼地进行，城市轨道交通科技也在蓬勃发展。土建、车辆、供电、通信、信号、综合监控、机电设备及消防系统等与城市轨道交通相关专业的技术成果丰硕。城市轨道交通成为支撑、引领经济快速发展和推动社会进步的新引擎。因此，推动轨道交通领域的科技进步与创新、促进先进技术的更新与应用、提高群体科学素养就显得尤为重要。

"走近轨道交通科普系列丛书"正是从广大市民的角度出发，围绕大家关心的问题，以"一问一答"的形式，深入浅出地介绍城市轨道交通科学知识及安全出行要点。本套丛书语言通俗易懂、叙述生动有趣，地铁源于"查尔斯·皮尔逊与老鼠的一次历史性的'会面'""地铁车辆每节车厢下面都'别有洞天'""你可以想象列车凭借一根钢轨悬挂在半空中"……这些阐述均来自本套丛书，相信一定能够激发读者对轨道交通的浓厚兴趣，为他们打开一扇了解轨道交通的窗口。

本套丛书的编者中有活跃在轨道交通设计研究工作第一线的青年科技骨干，也有活跃在教育领域第一线的青年教师。他们在总结实践经验的基础上，碰撞思维、跨界交流、精心甄选，为读者描绘出一幅幅轨道交通的知识画卷，带领大家感受轨道交通前沿科技的魅力。同时，本套丛书还有助于拉近读者与轨道交通专业工作者之间的距离，让读者能够理解城市轨道交通建设中必不可少的"阵痛"，学习轨道交通突发事件的正确应对方式，从而更好地融入新时代城市数字化转型的进程，进一步认可接受并选择绿色低碳出行，助力国家实现"双碳"目标。

全国勘察设计大师

2021 年 12 月

丛书前言

城市轨道交通是人们出行的重要交通工具。相比于城市道路和桥梁，轨道交通是一个较新的领域，因此不易被青少年及广大市民所了解。在日常搭乘轨道交通的过程中，有时人们会像历史学家，关心地铁发明者是谁、地铁的出生地在哪；有时人们像设计师，关心地铁是如何穿越江河、如何"掉头"的；有时人们又像文化学者，关心地铁线路颜色背后的故事、有轨电车的艺术长廊……

于是，城市轨道交通仿佛变成了一个个问号：这是什么？那是什么？为什么会这样？为什么会那样？……怎样才能方便又贴心地满足大家无穷无尽的好奇心和求知欲呢？"走近轨道交通科普系列丛书"就是一个不错的选择，可以帮助大家解决不少的疑问。

本套丛书共十册，分别为《你不知道的地铁历史》《你不知道的地铁设计》《你不知道的地铁建设》《你不知道的地铁运营》《你不知道的地铁文化》《你不知道的轨道交通》《走近有轨电车——趣谈篇》《走近有轨电车——设计篇》《走近有轨电车——建造篇》《走近有轨电车——运营篇》。本套丛书以地铁、有轨电车及其他轨道交通为主题进行编排，从历史、设计、建造、运营、文化等角度进行阐述，内容丰富、涉及面广，语言简洁易懂、生动有趣，不仅可以最大限度地满足读者对轨道交通知识的需求，而且还能让读者充分理解城市轨道交通建设的艰辛与不易。

本套丛书的内容融入了编者们在这一领域多年的积累，所包含的条目都经过编者们的精心挑选和甄别，向广大读者描绘了近200年城市轨道交通的绿色发展历程，希望借此能加深读者对我国"碳达峰与碳中和"目标的理解，引导绿色低碳出行。同时，本套丛书还展现了当今城市轨道交通涉及的各种前沿技术，让读者能深刻地感受到数字化带来的科技与便利，赋能数字化实践，助力城市数字化转型。

本套丛书得到了上海市科学技术委员会科普专项项目资助，也得到了上海市城市建设设计研究总院（集团）有限公司、上海中学、上海交通大学、同济大学出版社、中铁五局集团有限公司等单位的支持，在此表示衷心的感谢！

本套丛书中的少量图片来自网络，无法联系到图片版权者，在图片下方均已标明图片来源，若有相关事宜需要处理请与我们联系。

由于编者们的工程经历及学术水平有限，书中疏漏及不当之处在所难免，敬请广大读者不吝指正。

本书编委会
2021年12月

目 录

总序

丛书前言

1　有轨电车都是建造在地面上的吗　1

2　有轨电车与常规公交车差不多，可为什么
　　还需要专门施工呢　3

3　有轨电车的施工和地铁一样吗　5

4　一条有轨电车线路一般要造多久　8

5　有轨电车建造时需要改造交通信号灯吗　10

6　有轨电车站台为什么不能利用公交车站台　12

7　有轨电车车站一般都有哪些设备　14

8　有轨电车沿线有哪些配套设施　17

9　有轨电车车站有玻璃门和闸机吗　19

10　有轨电车可以与社会车辆共用车道吗　22

11　有轨电车接触网的电是怎么来的　24

12　有轨电车的无障碍设施是怎么建造的　27

13　有轨电车靠什么精准停靠车站　28

14　有轨电车的轨道和路面是什么关系　30

15	有轨电车轨道下面是什么样子的	31
16	有轨电车建设时对道路交通有影响吗	33
17	有轨电车通车时车辆是一次性全部上线吗	35
18	新的有轨电车是怎么开上轨道的	37
19	有轨电车的轨道只能嵌在路面里吗	38
20	有轨电车的轨道会积水吗	40
21	可以直接把钢轨埋入道路来加快建造速度吗	42
22	有轨电车经过桥梁时一定要重新修建桥梁吗	44
23	有轨电车的钢轨是怎么铺上去的	46
24	为什么钢轨间看不到缝隙	48
25	打雷会影响有轨电车运行吗	50
26	有轨电车轨道旁的小箱子是什么	52
27	有轨电车车站也是通过接触网供电的吗	54
28	轨道会热胀冷缩吗	56
29	有轨电车可以采用高架和隧道形式吗	57
30	有轨电车是如何建造的	58
31	建造有轨电车下雨天也能施工吗	60
32	有轨电车两根轨道中间是什么	62
33	为什么路上的钢轨看上去会发光	64
34	路上的钢轨是如何固定不动的	66
35	轨道转弯的地方钢轨是怎么变弯的	68

36	用乐高技术可以造有轨电车吗	70
37	有轨电车施工打桩会影响附近居民吗	72
38	轨道断了怎么办	74
39	路口的轨道会被大卡车压坏吗	76
40	有轨电车施工都用哪些"秘密武器"	78
41	路口的蓝白灯是什么	82
42	有轨电车的停车场一般设在哪里	84
43	有轨电车的信号灯是如何与交通信号灯联动控制的	85
44	为什么有些路口会有很短的垂直向轨道	87
45	有轨电车通车以后沿线原来没有车站的地方可以增加车站吗	89
46	车站里为什么看不到电线和排水管	91
47	为什么有轨电车的接触网看上去比地铁和高铁的简单	92
48	没有"辫子"的有轨电车在哪里充电	94
49	有轨电车线路全线都没有接缝吗	96
50	为什么围挡里经常有喷雾	98
51	修建有轨电车时遇到市政管线怎么办	100
52	有轨电车的钢轨那么长，是怎么运到施工现场的	102
53	有什么方法能防止有轨电车的钢轨生锈	104
54	有轨电车车上和车站上的监控摄像头与公安局联网吗	106
55	有轨电车的扣件和螺丝都是用扳手一个一个拧紧的吗	108

56	为什么扣件要"戴帽子"	110
57	两根钢轨之间的距离是固定的吗	112
58	钢轨的水平位置和标高用什么仪器测量	114
59	钢轨焊接的方法有几种	116
60	钢轨损坏了能修补吗	119
61	那么硬的钢轨是怎么切断的	120
62	有轨电车线路施工所有的材料都是计算得正好的吗	122
63	有轨电车线路检修时为什么要在两头挂线	124
64	为什么有时使用工字轨,有时使用槽型轨	126
65	需要对钢轨接头进行检测吗	128

参考文献　　　　　　　　　　　　　　　130

① 有轨电车都是建造在地面上的吗

有轨电车在公共交通系统中扮演的角色是介于公交车和地铁之间，与公交和地铁关系密切，其定义是以地面敷设为主的中运量交通，所以有轨电车一般情况下都是修建在地面上。

有轨电车比公交车的载客量要大，但也属于常规公交系统。另外，在相同时间内，虽然有轨电车能够运载的乘客数量比地铁少，但由于车辆的自重比地铁轻，因此它在转弯、爬坡等方面有明显优势，甚至与普通大客车不相上下。有轨电车的车体可以根据城市特点定制，并与城市景观融为一体，所以很多城市将有轨电车作为城市名片。有轨电车非常适合建在城市道路上或者绿化带中，由于不需要"上天入地"，因此其建设费用自然就会比地铁低很多。虽然，有轨电车绝大多数都是开在路面上的，但是如果遇到特殊情况，比如当要穿过高速公路、要跨越河流

运行在草地上的有轨电车
（图片来源：淮安市现代有轨电车经营有限公司。）

或交通量巨大的道路交叉口，又或是穿过对环境非常敏感的区域时，它也会走在高架上或者隧道里。然而，为了保持有轨电车建设多、快、好、省的"品性"，它"上天入地"的长度一般不会超过线路总长度的30%。

有轨电车绝对是城市画布中美妙而特别的存在，它可以在公园中来去，在商圈喷泉中穿梭，在老铁路上开过，甚至也可以从建筑中穿过……

运行在碎石道碴上的有轨电车
（图片来源：上海松江有轨电车投资运营有限公司。）

运行在立交桥上的有轨电车

② 有轨电车与常规公交车差不多，可为什么还需要专门施工呢

有轨电车虽说是常规公交车的"亲戚"，但是建造起来要比常规公交车复杂一些。一般情况下，我们开通一条公交线路，只需要沿线的车站、首末站设施完善即可。这主要是因为公交车对于舒适度和平稳性、道路条件、停车和维修等都没有特殊要求。

但是，有轨电车的要求可比公交车"挑剔"得多，甚至可以说十分苛刻。为了保证有轨电车的运行速度和准点率，通常需要给它配一条专用车道，且视实际情况决定这条专用车道是全天使用还是高峰时

运行中的有轨电车
（图片来源：上海松江有轨电车投资运营有限公司。）

段使用。一般情况下，其他社会车辆不能随意进入有轨电车专用车道。同时，为了满足有轨电车运行的优先性，还要对其专属的交通信号以及社会交通的信号系统进行建设和改造。

因为有轨电车通常是一个区域的骨干公交，为了保证乘客乘坐时的舒适性和安全性，有轨电车运行的道路就需要有足够的承载力，所以建造有轨电车时要对原有的道路根据实际情况进行改造，以保证有轨电车运行的道路不易变形和塌陷。也许你不知道，有轨电车是除高铁和地铁以外，最平稳的交通工具。为了保证有轨电车运行的可靠性，需要在有轨电车沿线建设供电和信号等机电系统；同时，为了保证有轨电车的"健康靓丽"，需要给有轨电车建造一个可供休息和做保养的"家"——车辆基地。虽然，建造有轨电车听起来有点麻烦和费事，但是一条有轨电车线路所能服务的客流量是一条社会车道的三倍甚至更多。如果按照一辆有轨电车坐满乘客的情况计算，需要一百多辆小汽车才可以输送这么多的人。所以，为了服务更多的乘客，推进公共交通优先政策，建设有轨电车时短期的"阵痛"还是非常值得的。

3 有轨电车的施工和地铁一样吗

大家都知道煤炭开采一般有两种方式：一种是露天开采，另一种是地下开采，露天开采方式比地下开采方式能获得更大比率的产能，因为其开采方式简单，只要开挖设备和运输设备就能开工了，开采成本较小，可覆盖范围却很大，可以使更多的矿层被利用，因此，全世界约40%的煤矿生产都采用露天开采。而地下开采就要通过矿井，矿井生产系统则复杂得多，它是一系列有特定功能的设施、设备、构筑物、线路和井巷的总称，由矿井的运煤、通风、运料、排矸、排水、动力供应、通信、监测等子系统组成，投资成本较大。

有轨电车就像是露天煤矿，是修建在地面上的；而地铁就像矿井，是修建在地下的。有轨电车和地铁都需要修建专门的轨道，但是在地上修建轨道和在地下修建轨道的差别非常大。地下修建轨道首先要修建隧

露天煤矿开采

井下煤矿开采

道，修建隧道可不是一件容易的事，它需要专门的大型机械"盾构机"来打通隧道。盾构机设备昂贵，直径6 m的盾构机大约要4 000万元。另外，修建地下隧道需要很长时间，一般都要3～5年，而且经常会受

运行中的地铁

有轨电车在地面运行

到不良地质情况的影响,风险非常高,所以修建地铁费时费钱。有轨电车是修建在地面上的,省去了建设隧道的环节,时间和费用一般可以节约60%～70%。

那有人就会问了:"地铁这么贵、这么费时,为什么还要建呢?全部修建有轨电车不就行了吗?"那是因为它们分工不同,有轨电车主要负责中、低运量的公共交通,而大运量客流输送还得依靠地铁,地铁作为各大城市的大运量骨干公交具有速度更快、载客量更大、运行效率更高的特点,而且发生地震、战争的时候还能作为避难所和防空洞。

4 一条有轨电车线路一般要造多久

一条高铁线路一般需要建造8～10年，甚至更长时间，而一条地铁线路一般需要建造5～7年，一条有轨电车线路仅需要建造2～3年。修建时间的长短主要取决于车型、载客量和建设标准。

有轨电车的建造环境相对简单，一般都是在市政道路上，轨道和车站的开挖基槽也很浅，只会碰到一些浅埋的地下管线，搬迁也比较容易，就算遇上燃气、自来水这些与百姓生活息息相关的其他管线，也可以通过合适的方式将它们保护好。如果有轨电车线路是新建的，而不是在原有市政道路上进行改建，那建造时遇到的障碍物又会少很多，也不用考虑交通组织的影响，建造起来就更快了。当在原有道路上改建有轨电车线路时，还需要考虑交通组织，通常采取半幅施工的方式，即封闭一半道路进行施工，完成后再施工另半幅。施工时一般

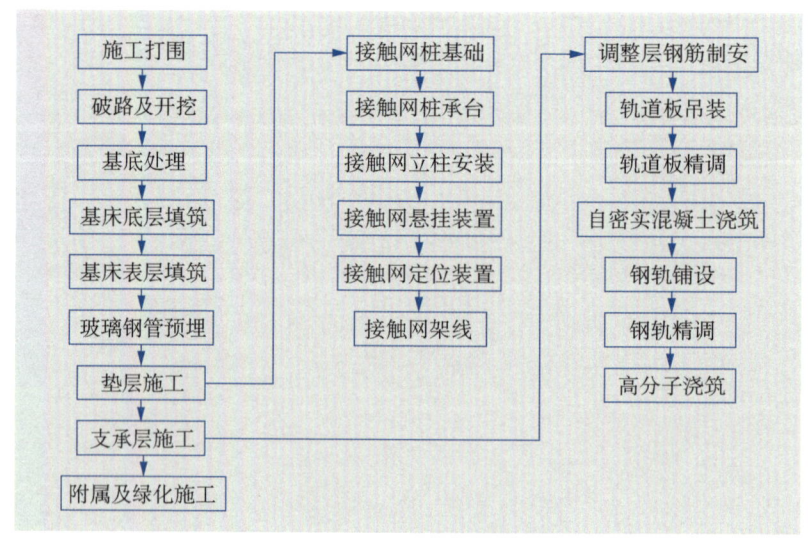

有轨电车施工工序简介

会采用围挡板实施封闭,外面是看不到里面施工内容的,所以突然有一天,工地上围着的板拿掉的时候,亮得发光的铁轨就已经铺在路面上了。如今越来越多的有轨电车线路陆续建成运营,我们有理由相信,随着未来规划设计和施工技术的不断成熟与进步,有轨电车的建造时间会大大缩短。

有轨电车施工建造现场

 有轨电车建造时需要改造交通信号灯吗

有轨电车加入公共交通体系就好像是我们平时用的电脑插上了新的硬件。我们肯定不会因为电脑需要插上新硬件就换个电脑，此时通常只需安装与硬件相匹配的驱动程序就可以了。同理，有轨电车建成后，交通信号灯的硬件并不需要改造，但整个交通信号系统却需要更新升级。有轨电车会安装专用的信号灯，并与交通信号灯进行匹配。

有轨电车在规划设计时，即与交警部门对接沟通，保证在对现有城市交通不产生影响的情况下，过交叉口时其信号相对优先，如此既

有轨电车专用信号灯
（图片来源：上海松江有轨电车投资运营有限公司。）

保障了城市交通的正常运行,又保障了有轨电车的运营效率。作为运行在城市道路上的公交系统中的一员,有轨电车必须与交通生态环境里的其他交通模式和平共处。何为"绿波",简单来说,就是车辆行驶在道路交叉口时连续遇绿灯通行。以不破坏社会车辆运行的绿波为前提,有轨电车随社会车辆的信号灯走行;有轨电车仅在绿波适应情况较好的交叉口,在不影响社会车辆绿波的前提下,采取适当的绿灯延长或红灯早断;在偏离绿波带较大的交叉口,不采取任何主动信号优先,以避免对社会车辆绿波交通的影响。仅仅在沿线选取与相邻交叉口距离较远、交通畅通的部分连续交叉口进行主动绿波控制。另外,有时用于过轨的乘客通道与道路人行横道分离设置,在困难情况下无法分离时,须设行人专用信号灯。

有轨电车信号与交通信号协同
(图片来源:上海松江有轨电车投资运营有限公司。)

6 有轨电车站台为什么不能利用公交车站台

大家想一想，蚂蚁的洞穴里面能住进小老鼠吗？小老鼠的洞穴里面能住进小兔子吗？兔子的洞穴里面能住进小狐狸吗？

有轨电车站台和公交站台对比

想要停靠公交车站台的有轨电车就像一只想住进蚂蚁洞穴的小老鼠，一只想住进老鼠家的兔子，一只想住进兔子洞穴的狐狸，那肯定是不合适的。公交车的长度约为 12 m，有轨电车的长度约有 35 m 或者更长，因此，目前的公交车站台基本不适合有轨电车。

　　而且有轨电车车辆是双侧开门的，线路一般采用专用路权，车道大部分情况设于道路中央，不与社会车辆共享车道，故很难与公交车共用车站。另外，有轨电车是严格按照时刻表来运行的，是由控制中心总体调度的，如几点几分发车，几点几分到什么车站，距离下一站还有几分钟。然而，公交车大多还是传统调度，相对来说发车时间的不确定性较大，如上下班高峰期遇到堵车等。因此，很难协调公交车进站和有轨电车进站的时间。如果一定要让它们共用一个车站，二者势必会互相干扰。有轨电车站台安装的设备比公交车站台多很多，如信号系统的管线、售检票机等是公交车站台所没有的，需要重新安装，且摆放位置都需要统一设计规划，但是既有公交车站大多不满足建设改造条件。当然，未来有轨电车或许能与常规公交共站，这是低碳交通的发展方向之一，规划、设计、施工和运营都会为之努力。

7 有轨电车车站一般都有哪些设备

有轨电车大多为专用路权形式,车站的设置不只要考虑道路宽度、施工难度等技术条件,乘客进出站与有轨电车的相互影响、有轨电车专用信号灯与路口交通信号灯的协调组织也是设站需要重点考虑的因素。那么,有轨电车车站都有哪些设备呢?

1. 自动扶梯与电梯

在部分有轨电车车站中,有些路口的交通流量和人流量均比较大,这时就会设置天桥以保证行人正常通行,而天桥相应地会配备自动扶梯与直达电梯。

2. 售检票系统

售检票系统包括自动售票机和闸机(部分车站有),是建立在计

有轨电车车站的自动扶梯与电梯

有轨电车车站的闸机

有轨电车车站的自动售票机

有轨电车车站的屏蔽门处于关闭状态

有轨电车车站的屏蔽门处于开启状态

算机局域网基础上的实时控制处理系统，集计算机网络技术、数据库管理技术、自动控制技术于一体，对售票、检票过程进行计算机管理，从而大大提高数据的可靠性，提高工作效率，也为科学的财务管理和决策管理提供准确的依据。

3. 综合监控系统

综合监控系统的主要功能包括对机电设备的实时集中监控和各系统之间协调联动两大部分。一方面，通过综合监控系统可实现对电力设备、火灾报警设备及其信息、车站环控设备、环境参数、屏蔽门设备、照明设备、门禁设备、AFC 设备、广播和闭路电视设备、乘客信息显示系统等进行实时集中监控；另一方面，在晚间非运营情况下、紧急突发情况下和重要故障情况下，通过综合监控系统可以实现各相关系统之间的协调互动。

4. 排水系统

排水系统是任何建筑必不可少的重要组成部分，由于有轨电车车站简约实用，且通常设在市政道路上，所以只需设置排水系统，一般并没有设置给水和消防系统。

 有轨电车沿线有哪些配套设施

通常，人们在买房时都会问："这个楼盘的配套设施怎么样？"配套设施是指满足生活服务需求的小区附属设施，主要由两部分内容组成：外部配套（市政配套）、内部配套（开发商自建配套）。外部配套包括交通、教育、政务、商业和资源型配套。内部配套包括商业和会所。

同样地，有轨电车也需要配套设施。首先是车辆基地，但有轨电车的车辆基地不只是用来停车这么简单，还可以给电车进行检查和保养。

其次是调度指挥系统——控制中心，里面有全信息化的控制室，通过沿线布置的各种信号装置、监控装置等控制有轨电车运行。有轨电车在线路中所有的运行轨迹、运行时间，如几点几分进站、几点几分经过十字路口等都在控制中心的掌控之中。

有轨电车车辆基地

再次，一个重要的配套设施就是供电设施，包括接触网（有的是充放电设施）和变电所。通常，接触网立在轨道中间，每30～40 m一根立柱，上面架有配电线，有轨电车就是通过顶面配电弓与配电线连接来向车辆提供电能的，而变电所又是给接触网（充放电设施）提供电能的场所。

最后就是车站了，有轨电车的车站通常每500～1 000 m设置一个，车站一般采取无人售票方式，并设置售票系统、闸机等。另外，还有一些交通配套设施，如标志、标线、护栏等。

有轨电车车站

有轨电车交通配套设施

 有轨电车车站有玻璃门和闸机吗

为什么上海轨道交通系统中只有2号线没有屏蔽门仅有安全门？这主要是因为当时2号线沿线建设条件有限，很多地方不具备建设通风配套的条件，而为了满足隧道内通风的要求，就只能不在车站设屏蔽门了。地铁车站设屏蔽门有很多好处，既可以保障乘客的安全，又可以达到节能环保的效果。那么，有轨电车车站也需要屏蔽门吗？

有轨电车车站可以有玻璃门和闸机，也可以没有，这主要取决于客流量、逃票率等因素。有轨电车车站如果采用闸机，就和地铁类似，但是通常不会采用屏蔽门，为什么呢？因为地铁的屏蔽门主要是为了节约能源，而有轨电车通常走行于城市道路上，不存在节

有轨电车站台闸机

能的问题。

　　有轨电车有时采用安全门，目的是保证乘客上下车安全、列车的安全运行以及维护公共交通秩序，以防意外情况的发生。不过，由于有轨电车站台本身就属于半开放空间，所以也会存在有轨电车车站只有安全护栏，而不设置安全门的情况，比如上海松江有轨电车。

　　想必大家都见过闸机，闸机是一种通道阻挡装置（通道管理设备），主要应用于城市轨道交通管理中，用于管理人流并规范行人出入，常被用于地铁闸机系统、收费检票闸机系统等。其最基本最核心的功能是实现一次只通过一人，可用于各种收费、门禁场合的入口通道处。中国最早使用闸机是在20世纪80年代，用于地铁项目中。闸机作为"自动售检票系统（Auto Fare Collection，AFC）"中"自动检票机"的主要设备，也是目前国人对闸机最早和最广泛的理解。闸机有

上海松江现代有轨电车站台（无安全门）

很多种类，比如摆闸、翼闸、转闸、一字闸、平移闸、三辊闸等，出于管理需求，有轨电车会选择其中一种验票闸机。当然，目前国内外大部分有轨电车都已采用车上售检票的方式，这意味着在站台不设置验票闸机。

有轨电车车站的进站闸机

10 有轨电车可以与社会车辆共用车道吗

飞机有飞机跑道，高铁有高铁线路，地铁有地铁线路，有轨电车同样有自己的专属线路。不同制式的公共交通主要是以功能、运量作为依据的。

有轨电车运行使用的是专用轨道，社会车辆使用的是道路，在大部分情况下二者是不能共用车道的，因为它们的运行方式和控制系统均不同。有轨电车有专门的控制中心，运行时间把控非常严格，一般都精确到几分几秒。为什么它能这么精确呢？因为它有专门的车道，可以单独控制而不受外界环境的影响。社会车辆有很大的随机性，而且现在城市中上下班高峰时段堵车已成为了一种常态，如果社会车辆与有轨电车共用车道的话，会严重影响有轨电车的运行。原本修建有轨电车是为了缓解交通压力，倡导绿色出行，二者混行就违背了初衷。

有轨电车专用道路

但是,有轨电车在市政道路上运行也不能百分百保证它有专用车道,因为难免有些地方道路狭窄,实施条件困难,在这种情况下就没有空间给有轨电车分出专门的车道了,因此,在个别情况下,有轨电车和社会车辆也会共用车道。

有轨电车在道路交叉口与其他交通方式混行
(图片来源:上海松江有轨电车投资运营有限公司。)

葡萄牙的街道上有轨电车与其他交通方式混行

11 有轨电车接触网的电是怎么来的

有轨电车是靠接触网供电的,那接触网的电又是谁提供的呢?我们平时只看见了接触网上架着的线,好像一直没有看见外面的线怎么接入接触网上。

其实,有轨电车接触网的电都是由沿线的专属变电所提供的,一般1~2 km就会有一个变电所。变电所可分为小型箱式变电所和大型土建开关站。变电所的电是从地下预先埋好的管道进入接触网下方的手孔井,然后再从接触网杆子中间的空心部分传到顶面的接触网,从而才使接触网有了源源不断的电力供应,保证有轨电车正常通行。将接触网以外的线路都埋在地下,这样做的好处是既保证安全,又保证美观。

变电所的电供给接触网后,接触网的供电方式可大致分为三种:单边供电、双边供电和越区供电。

(1) 单边供电。在两个牵引变电所之间将接触网分成两个供电分区(又称供电臂),正常情况下两相邻供电臂之间的接触网在电气上是绝缘的,每个供电分区只从一端牵引变电所获得电能,这种供电方式称为单边供电。当采取单边供电时,相邻供电臂电气上独立,运行灵活;若接触网发生故障,只影响到本供电分区,故障影响范围小;牵引变电所馈线保护装置较为简单。

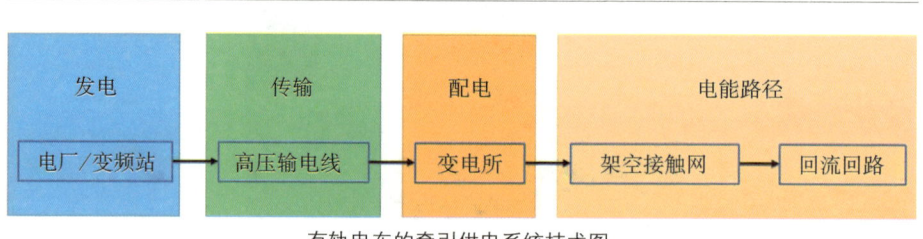

有轨电车的牵引供电系统技术图

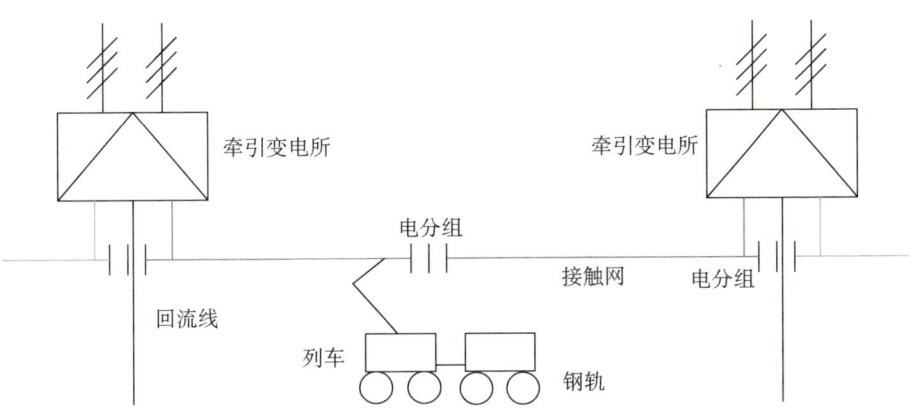

有轨电车接触网供电系统示意图

有轨电车区间变电所

有轨电车区间箱式变电所

有轨电车变电所内部

（2）双边供电。若两个供电分区通过开关设备在电路上连通，两个供电分区可同时从两个牵引变电所获得电能，这种供电方式称为双边供电。双边供电可提高接触网的电压水平，减少电能损耗。

（3）越区供电。单边和双边供电为正常的供电方式，还有一种非正常的供电方式（也称事故供电方式）称为越区供电，顾名思义就是跨越区域供电，当一个区域供电系统发生故障时，另一个区域的供电系统提供支援，这便是"越区供电"。

目前，有轨电车大多采取双边供电，较少考虑单边供电，除了车辆基地及线路末端的变电所，其他都是双边供电，一旦出现故障，则采取大双边供电即越区供电。

有轨电车接触网

（图片来源：上海松江有轨电车投资运营有限公司。）

12 有轨电车的无障碍设施是怎么建造的

汽车时代快速发展，但其所带来的环境污染、能源消耗、交通拥挤等问题日益突出。越来越多的人提倡公共出行，如此便促使了有轨电车的普及，百年前出现的有轨电车又重新焕发容光，重新登上舞台。

有轨电车具有节能、环保、便捷、载客量大、舒适度高等优点，而无障碍设施更是有轨电车的一个核心理念。有轨电车车站的站台设置了斜坡、盲道，宽度一般不小于 3 m，轮椅能够自由出入，另外还设有轮椅专用的闸机检票通道。车站站台与车厢地板几乎齐平，非常方便轮椅上下车。站台上设置了 1 m 左右宽度的盲道供盲人通行，电车车厢内还设有轮椅专区，并设置轮椅固定系统，从而为残疾人提供便利，使他们能感受到乘坐有轨电车出行的舒适和方便。这是有轨电车设计现代新标志，即"无障碍人性设计理念"的体现。

无障碍通道

车厢地板与站台平齐

有轨电车车厢内的无障碍辅助设施

13　有轨电车靠什么精准停靠车站

出个远门高铁是首选，市内出行地铁是首选。如今，日常通勤又多了有轨电车可供选择，大家公共出行的意识越来越强了。每次乘坐地铁、有轨电车的时候，你们是不是也很疑惑，为什么它们总能精准地停靠车站，车门和站台门分毫不差？这是如何做到的呢？

其实，在列车的电脑中有一张描绘了整条线路信息的静态地图，在这条线路上，设计了很多坐标，列车通过这些坐标就能清楚地知道自己当前的位置，也就可以实现精准停车。

下图中，黄色三角形表示电子地图中的坐标，称为信标（beacon，又叫做应答器）。它可以实现列车定位，使列车能够获知自己在一条线路中的具体位置，同时，运行中的列车经过多个信标还能实现位置校正，减少行驶中产生的误差，提高列车的测速测距精度。

实际的信标一般是黄色的，站台的信标布设得较为密集，通常一个站台会布置3～4个，毕竟精确停靠要求较高。列车经过信标后，根据自己的位置和目标停车点，车载电脑计算出列车的速度曲线，从而保证列车停下来的时候刚好停在站台停车点附近，之后再靠有轨电车司机进行精确对准就可以了。

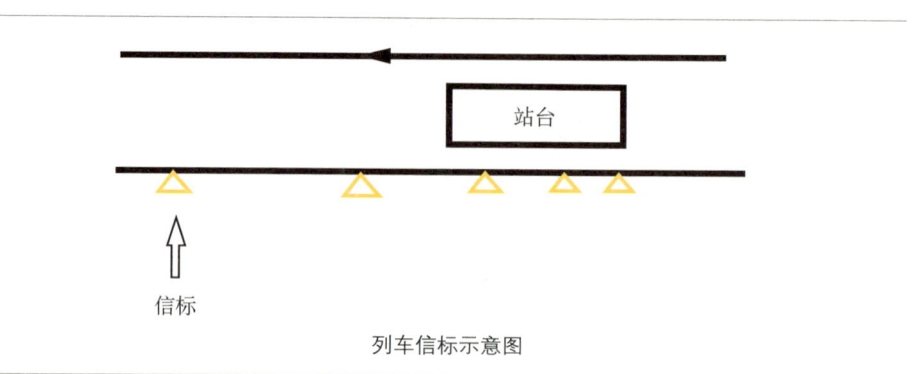

列车信标示意图

停车牌

车站停车标识

一般来说，列车精确自动停车的精度在 ±5 cm 左右，超过这个数值，则视为未精确停车，此时就需要靠驾驶员人工校准了，要么"给点儿油门"，要么"挂倒挡倒车"。另外，在有轨电车的车站上，为了能够精准停车，每个车站的最前端都设置了一个停车标，当司机室的窗户中心完全与它对齐且没有任何误差时，就是驾驶员说的"零标"，此时列车的各个车门也对得很准！

14 有轨电车的轨道和路面是什么关系

有轨电车的轨道是修建在城市道路上的，为了保证有轨电车正常通行，轨道面必须与路面齐平，高一点或低一点都不行，否则电车过不去不说，还会影响其他车辆和行人的安全。

如果轨道与地面高差过大，其他车辆穿越行驶，经过长时间的碾压，轨道肯定会有所损坏，所以轨道和路面必须是齐平的。虽然，它们表面看起来好像是一体的，但是它们的基础可是不一样的，各自有各自的结构，而且轨道的基础要比路面的基础"强壮"不少。总的来说，它们的关系就是你中有我，我中有你，相互包容又相互独立。

有轨电车轨道铺设在城市道路上

15 有轨电车轨道下面是什么样子的

上海东方明珠广播电视塔采用 425 根桩基入地 12 m 作为基础，上海金茂大厦则是采用 4 m 厚的钢筋混凝土筏及 429 根空心钢柱打入砂黏土层 65 m 深处作为基础，而有轨电车的轨道则是采用 0.45 m 厚的钢筋混凝土轨道板及沿线若干根 18～25 m 长度的预应力混凝土管桩作为基础。

有轨电车路基施工现场

上海松江有轨电车示范线轨道板下方采用的是静压桩,全名锚杆静压桩,是桩基础的一种,并采用了静力压桩机压桩,其工作原理与锤击不同,主要优点是无噪声。静压桩沉桩机施工时,桩尖"刺入"土体导致原状土的初应力状态受到破坏,造成桩尖下土体压缩变形,土体对桩尖产生了相应的阻力,随着桩贯入压力的增大,桩身必然会受到土体的强大法向抗力所引起的桩周摩阻力和桩尖阻力的抵抗,当桩顶的静压力大于沉桩时的这些抵抗阻力时,桩将继续"刺入"下沉。反之,桩则停止下沉。这样的建造方式减少了大量的地下管线搬迁,既可以缩短工期和降低造价,又将对周边居民环境的影响降到最低。

当然,有轨电车轨道下面还有一些复杂的结构,例如有些比较大的路口会有公路桥,它是埋在地下的,是看不到的,起到保护公路和管线的作用。

有轨电车轨道下面基础结构效果图

16 有轨电车建设时对道路交通有影响吗

从微观上来说，有轨电车对于沿线道路可以通过对部分交叉节点和路段进行优化，来缓解部分交通压力。但从整个宏观路网来说，提高有轨电车及沿线道路一定的运行便捷程度的同时，也可能会对相交道路、周边路网的车流量产生影响。

为什么要修建有轨电车呢？因为目前我国许多城市和地区的交通较为拥挤，堵车严重，环保问题也日益突出。修建有轨电车是为了更好地分配道路交通资源，将部分原有道路改造，更换有轨电车基础和轨道结构，然后道路就焕然一新了。

建设有轨电车会对原有的道路交通产生一定影响，比如由于需要使用一定的施工场地会让道路变窄，运输材料的大型车辆与社会车辆抢道等，但是经过一系列交通组织，可以尽量将影响降到最低。就像现在城市中的高楼建筑一样，刚开始施工时肯定要对施工区域进行封闭，这样势必会对原来的道路有所侵占，但是在这之前，工程师就会

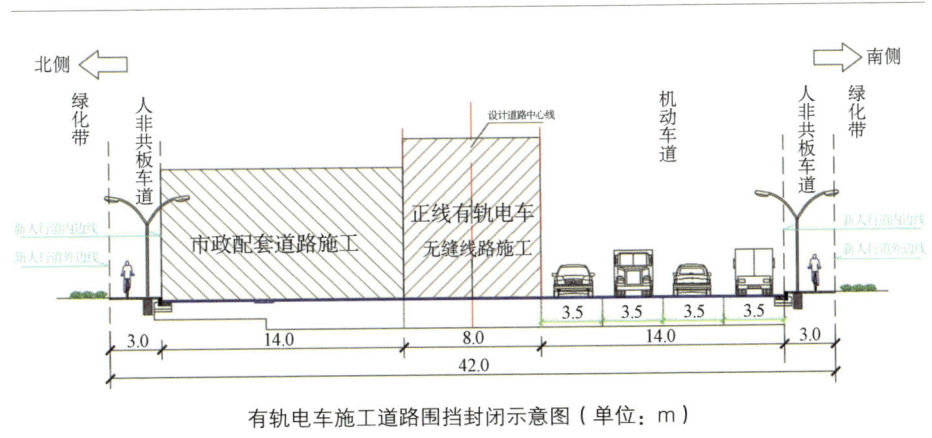

有轨电车施工道路围挡封闭示意图（单位：m）

有轨电车建设时对道路交通有影响吗

提前做好交通组织方案，尽可能做到道路"借一还一"，占用一条路就再开发一条临时道路，尽量保证交通运行。如果遇到道路宽度不足的情况，修建的时候采用半幅施工，封闭一半，修完一边之后再修另外半幅，这样对交通的影响就比较小了。而且在施工完成之后，会对道路路面进行修复，使之恢复到平整的路面。

有轨电车施工区域道路封闭现场图
（图片来源：上海松江有轨电车投资运营有限公司。）

17 有轨电车通车时车辆是一次性全部上线吗

如今，我们看到如此庞大数量的地铁车辆天天跑来跑去，其实它们并不是一次性全部上线的，而是随着时间的推移分批分期上线调试、运营。车辆的采购数量是根据初期运营方案确定的，车辆类型包含运用车、备用车和检修车，一般备用车和检修车占采购车辆总数的15%～20%。车辆采购通常是分批到场、分批调试、分批上线。在线路开通初期，发车密度可能还达不到初期的指标，所以会根据开通初期的要求铺画运行图，以确定所需的车辆数。在联调联试阶段会提前对所需车辆进行调试，以满足上线要求。

停车场里的电车
（图片来源：上海松江有轨电车投资运营有限公司提供。）

有轨电车通车时车辆是一次性全部上线吗

在线路开通的同时，还会陆续采购部分车辆并进行调试，上线的列车数量会越来越多，最终满足设计的初期运营能力。

"罗马不是一天建成的"，因为客流培育需要时间，车辆供货调试需要周期，所以有轨电车通常不会一次性让车辆全部上线。一般有轨电车的车辆配置数是按照初期、近期、远期来规划的，在实际工程中还会有一个开通年的配车数。而一条有轨电车新线从第一辆车上线到开通年全部车辆到位需要 10 个月左右的时间，每个月一般上线 2~3 辆车。

与地铁类似，有轨电车的车辆采购也是分批到场、分批调试、分批上线的。有轨电车线路初开通时还无法达到正常运营指标，须在之后的联调联试中对所需车辆进行调试，使其达到所需的使用要求，而后正式通车试运营。

18 新的有轨电车是怎么开上轨道的

有轨电车是行驶在轨道上的，无法在没有轨道的普通道路上运行，新车上线的时候必须是被运送到线路上的。有轨电车一般都是由多个模块组成，长度在 30 m 以上，高约 4 m，要让这么个"庞然大物"正式"上岗"确实不是件容易的事呀！

有轨电车出厂的时候整车可能会被分为几个节段，之后采用平板车将其拖到有轨电车车辆基地或正线，再将电车放到轨道上，最后调试成功后才能行驶。

别看有轨电车在轨道上"身手敏捷"，刚刚下线的有轨电车车辆脱离了轨道是没办法跑起来的，如果直接把有轨电车放到地面上，地面甚至都会被有轨电车的自重压坏！所以，一般有轨电车车体造好后，都是由运输车直接运到专门的停车场，然后再用吊车吊装到轨道上的。有轨电车被吊装到轨道上以后，车辆基地的机械师们会将一节节车厢拼接成一列完整的有轨电车。这样一来，有轨电车就可以轻松地"奔跑"了。

平板卡车运送小轿车

张江有轨电车卸车

19 有轨电车的轨道只能嵌在路面里吗

我们平时看到的高铁或是地铁的钢轨都是架在轨枕上的,但是我们平时看到的有轨电车的轨道通常都嵌在路面里,原因有三:一是为了美观;二是便于后期运营维护,轨道与路面相平,这样检修车辆才能畅通无阻地行驶,而且也便于材料的运输和机械设备的进入;三是涉及路口的位置,若轨道不嵌在路面里,不仅影响其他来往车辆的通行,而且其他车辆直接压过轨道会对轨道造成破坏。不过,对于有轨电车通过的专属桥梁,轨道就是露在外面的,因为专属桥梁上没有其他车辆通过。

其实,有轨电车的轨道还能"嵌"在草丛里,"嵌"在石头里,"嵌"在水里,甚至"嵌"在楼房里,并且"嵌"在这些地方还有不同的好处。例如,轨道"嵌"在草地里可以美化环境,融入城市景观。

有轨电车轨道嵌在路面里

过去，火车轨道大多都是"嵌"在石头（碎石道砟）里的，而有轨电车轨道"嵌"在石头里的原因与火车相似，是将有轨电车的重量均匀地传导给下方基础，同时排除轨道中的积水，阻止轨枕移动钢轨并缓和车轮对钢轨的冲击，使轨道具有足够的弹性。轨道"嵌"在楼房里主要是为了与城市或建筑空间相结合，如华为松山湖园区中的小火车，就是穿越了各个"欧洲小镇"。

有轨电车轨道嵌在桥面上

有轨电车轨道嵌在草地里
（图片来源：上海松江有轨电车投资运营有限公司提供。）

20 有轨电车的轨道会积水吗

人往高处走,水往低处流,只要是地势低的地方就会积水。屋顶会积水,所以安装了雨水管;道路会积水,所以在道路两侧设有排水沟,有些道路则是在边坡顶面设有截水沟,把水截住不让水流下来,并在截水沟底部设有排水沟,把截留下来的水排掉;桥面会积水,所以在桥面较低处留有排水口。

同样,部分有轨电车轨道会采用槽型轨,因为中间有个凹槽,所以它也会积水。对此,大家一定会担心下雨天的积水是否会导致电车无法正常通行,所以必须要把积水排掉。其实,在建设有轨电车之前,设计师们就已经把这个问题考虑好了。如果你透过护栏仔细观察就会发现,有轨电车的轨道边上每隔一段距离就会有一个横向排水沟,用于解决轨道积水问题。但是水又是怎么进入排水沟的呢?在每条钢轨

轨槽内侧的排水孔

靠近排水沟的位置，轨槽内侧都钻有3个小孔，每当下雨的时候，雨水就会顺着钢轨汇聚到排水沟的位置，然后通过钢轨上的小孔流入排水沟，最后排入市政管网。

轨道排水用横截排水沟

轨道排水用横截排水沟局部图

21 可以直接把钢轨埋入道路来加快建造速度吗

道路分为很多种，如我们在日常生活中经常看到的宽阔笔直的沥青道路，还有平整坚实的混凝土道路，但是不管质量多么好的道路，时间长了表面都会坑坑洼洼、高低不平，尤其是桥头接坡的地方，感觉最明显的就是"桥头跳车"。这些虽然影响美观，影响行车舒适性，但车辆正常行驶还是没问题的。而有轨电车就不一样了，轮轨关系对轨道的要求非常严格，轨道间距是 1 435 mm，高差不能超过 2 mm，左右两根钢轨的水平误差更是不能超过 1 mm，如果轨道偏差大于限值，那有轨电车运行起来可就危险了，甚至有可能"出轨"呢！

轨道基础结构图

为了保证轨道尺寸符合要求，在有轨电车钢轨下方可是做了很多结构来稳固钢轨的。说到有轨电车轨道下方的结构，就要从有轨电车的施工说起，首先，在原有路基上打入预应力高强度混凝土（Pre-stressed High-strength Concrete，PHC）管桩，这样才能保证路基的承载力，使之不会发生沉降。其次，将PHC管桩附近开挖出来，方便浇筑连接，在PHC管桩上面浇筑基础轨道板，等基础满足强度要求后，在基础上铺设轨枕，再在轨枕上铺设钢轨，最后在工程师的指挥下，建筑工人们进行一次精调和二次精调，再进行固定，于是钢轨就铺设完成了。之后浇筑调平层的混凝土，最后进行沥青摊铺，至此轨道路面就完成了。

所以，"心急吃不了热豆腐"，有轨电车的轨道还是要慢工出细活，一步一步做好才行。

 有轨电车经过桥梁时一定要重新修建桥梁吗

住在港口附近的人，对于船只的停靠应该会有这样的疑问，为什么小船在哪都可以停靠，而大船必须停靠在大港口？这是因为小船下水浅，大船下水深，只有大港口才预留了足够的水深可以停靠大船。有轨电车也是如此，普通的桥梁能过人、过车，但是在未做必要的调整前是无法过有轨电车的。

通常，桥梁结构都有严格的尺寸限制，梁板的面层一般只是10～20 cm"混凝土＋土＋沥青"面层铺装层，也就是桥面层。然而，10～20 cm 的高度是不够安装钢轨的，因为钢轨和扣件系统的高度大约40 cm，已经超过梁板面层的结构了，所以原有的市政桥梁结构一般是

桥梁结构拆除

无法满足轨道铺设要求的,但是也不必将桥梁全部拆除重新修建,那样的话太浪费资源了,只需将有轨电车行驶范围涉及的部分更换梁板即可。

你会不会有这样的想法,既然20 cm不够,干脆凿40 cm深就可以把钢轨埋下去,这可就方便多了。然而,那样是万万不能的,桥面20 cm面层可以凿除,但梁板万一被凿到,桥梁就容易垮塌,那是非常危险的。所以,在凿除面层结构的时候,可是要很小心的,千万不能碰到梁板结构哦!

新建有轨电车钢箱梁

23 有轨电车的钢轨是怎么铺上去的

有轨电车与高铁虽然用的都是无缝线路，但是二者的铺设方式却是截然不同的。高铁的规模非常大，其钢轨都是在加工场地内焊接成长轨条，一般500~1 000 m，然后采用牵引车运输至施工完成的轨道板上直接安装；而有轨电车规模较小，且有轨电车都是修建在城市道路上的，城市道路一般又窄，拐弯又多，根本无法用那么大的机器运输如此长的钢轨，只能采用25 m长的标准轨人工散铺，先把钢轨与轨枕组装在一起，再预埋至轨道板中浇筑混凝土。

高铁铺轨就好比是"百团大战"，有规模、有组织、有纪律；而有轨电车铺轨更像是"游击战"，规模较小但是机动性较强，比较灵活。

当25 m长的钢轨从工厂历经千辛万苦运输到工地现场之后，将被

人工铺设钢轨

吊车逐一缓缓吊起,再缓慢移动至轨枕上方,并在人工引导下慢慢放在轨枕上,之后技术员经过几次调整,轨道就安装好了。这个过程是需要多方通力合作的。

铺设道岔

人工调整钢轨

24 为什么钢轨间看不到缝隙

曾经有乘客在列车上立硬币以验证高速列车行驶的稳定性。那么,列车平稳行驶到底需要哪些技术来保障呢?其中一个技术就是把一节一节的钢轨焊接成一个整体,钢轨之间没有缝隙,没有了振动也听不到"咣当咣当"的声音,列车运行起来就感觉平稳多了。

把一节一节的钢轨"焊接"成一条长长的整体线路,这个技术叫"电焊"。

电焊是在 19 世纪末随着电力工业的发展而发展起来的。

1885 年,俄国 H. H. 别纳尔多斯发现了碳极电弧。

1887 年,美国 E. 汤姆森(Elihu Thomson)发明了用于薄板焊接的电阻焊。

20 世纪初,手弧焊进入实用阶段。

20 世纪四五十年代,钨极和熔化极惰性气体保护焊以及二氧化碳

铝热焊装置

闪光接触焊设备

气体保护焊相继在美国和苏联问世，由此促进了气体保护电弧焊的应用和发展。

1951 年，苏联发明电渣焊，它是大厚度焊件的一种高效焊接方法。

20 世纪 50 年代末期和 60 年代中期出现的等离子弧焊、电子束焊和激光焊标志着高功率密度熔焊的发展，使得许多难以用其他方法焊接的材料和结构得以成功焊接。

如今，电焊已广泛应用于机械、电子、建筑、船舶、航天、航空、能源等工业领域。钢轨焊接就是把一根根短钢轨焊接成一根长长的钢轨，又称为无缝线路，其包括闪光焊和铝热焊两种。无缝线路施工工序为：焊前打磨—对接—焊接—焊后粗磨—正火—调直处理—精磨—探伤—轨道调整。通过这一系列操作一节节钢轨就成为现在看到的无缝线路轨道了，这就是科技的力量。

焊接好的钢轨接头位置

焊接好的无缝线路

25 打雷会影响有轨电车运行吗

关于打雷影响列车运行有一个典型案例,即"7·23"甬温线特别重大铁路交通事故。2011 年 7 月 23 日 20 时 30 分 05 秒,甬温线浙江省温州市境内,从北京南站开往福州站的 D301 次列车与从杭州站开往福州南站的 D3115 次列车发生动车组列车追尾事故。此次事故已确认共有 6 节车厢脱轨,造成 40 人死亡、172 人受伤,中断行车 32 小时 35 分,造成直接经济损失 19 371.65 万元。

根据事故调查报告,事故发生的原因其中有一项是雷击导致控制中心设备和轨道电路发生故障,从而错误地控制信号显示,使行车处于不安全状态。但最主要的原因还是管理混乱,雷击只是一个外部诱

雷电图景

导因素。

然而，现实生活中很少会出现特别大的雷击，我们的技术人员又在不断地对设备进行完善，同时打雷天气加紧巡视，以确保列车运营的万无一失。如今，整个线路结构和设备（包括车站、变电所、接触网、停车场、电缆井等）都设计了综合接地系统，不仅能防止雷电天气设备发生故障，也能防止有轨电车供电系统出现漏电的情况。另外，如今有轨电车使用的各种设备也都进行了改进，并做了防雷措施，而且有轨电车本身运行速度较高铁慢，所以打雷根本不会影响有轨电车的正常运行。

有轨电车接地工具

26 有轨电车轨道旁的小箱子是什么

日常生活中,大家对红绿灯都比较熟悉,你注意过红绿灯旁的箱子吗?上面有时候会写着"公安""交警"等文字。这个箱子是控制交通信号灯的,它有两个作用:一是控制信号灯的供电,有了电,灯才能亮;二是控制信号灯的信号转变,如红灯亮几秒、绿灯亮几秒,而且它不仅能自动控制,还能手动控制,一般情况下都是设置好时间自动控制的,但当出现交通拥堵时,交警就会根据现场交通情况采取手动控制,以便尽快疏导交通。

有轨电车线路边上的小箱子也是这个用处,它是电气设备控制箱,不仅能调节接触网的供电电流,还能控制有轨电车的信号灯,从而保证有轨电车的正常通行。别看箱子小小的,里面可是很复杂的,有很

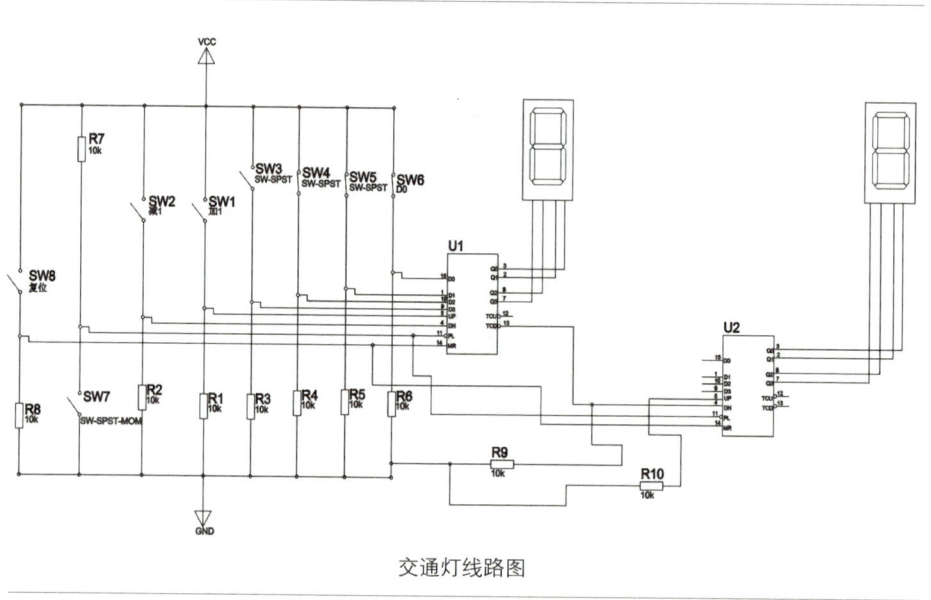

交通灯线路图

多电路，还有控制芯片，甚至可以编程呢！大家如果感兴趣的话，可以探索一下里面的电气工程知识。

信号灯控制箱和接触网立柱的控制箱

 # 有轨电车车站也是通过
接触网供电的吗

人体有很多血管,按构造功能的不同,血管可分为动脉、静脉和毛细血管三种。动脉起自心脏,不断分支,口径渐细,管壁渐薄,最后分成大量的毛细血管,分布到全身各组织和细胞间。毛细血管再汇合,逐级形成静脉,最后返回心脏。动脉和静脉是输送血液的管道,毛细血管则是血液与组织进行物质交换的场所,动脉与静脉通过心脏连通,全身血管构成封闭式管道。

有轨电车接触网是贯通整条线路的,电压为 750 V,是有轨电车的"动脉";车站供电电压为 220 V,是有轨电车的"静脉",而沿线的

路段上的有轨电车接触线
(图片来源:上海松江有轨电车投资运营有限公司。)

变电所就是"心脏"。人体的动脉和静脉是相连接的,但是有轨电车的"动脉"和"静脉"却是独立的。有轨电车接触网只给有轨电车车辆专属供电,而不给其他设备或场所(车站)供电;有轨电车车站的供电则是由附近牵引变电所单独接入的一路线路供电,该供电线路由变电所经地下预埋管道接入有轨电车车站的配电箱,再由配电箱分配至车站需要电源的各设备。一般有轨电车沿线每隔1～2 km就会设置一处牵引变电所,以保证车站和接触网的电力供应。

有轨电车车站配电箱

28 轨道会热胀冷缩吗

热胀冷缩是指物体受热时膨胀、遇冷时收缩的特性。由于物体内粒子（原子）运动会随温度改变，当温度上升时，粒子的振动幅度加大，从而令物体膨胀；但当温度下降时，粒子的振动幅度便会减少，使物体收缩。因此，轨道的确会热胀冷缩。

由于钢轨具有热胀冷缩的特性，因此钢轨连接时须保留一定的间隙，以防止气温升高时，钢轨因受热膨胀伸长而相互推挤变形，再以鱼尾钣与螺杆将钢轨相互连接起来，以这种连接方式形成的钢轨叫做"有缝线路"。

随着科学技术的发展，有轨电车线路开始采用"无缝线路"，即使用焊接设备将钢轨焊接成一个整体，钢轨与钢轨之间不再留有间隙。这时就需要使用新技术——锁定轨温。这名词听上去就像在说通过制冷制热装置来锁定轨道的温度，如大冷天用烤箱烤着，大热天用冷风机呼呼地吹着。这样的举措确实可以做到使轨道保持一定的温度，但是并不实用。工程上有更好的办法，根据热胀冷缩的性质，当天热时施工，考虑到天冷轨道会收缩，故轻微拉伸轨道；当天冷时施工，考虑到天热轨道会伸长，故轻微压缩轨道。通过这种方式可将轨温锁定在合理的数值。

扣件上的轨道

29 有轨电车可以采用高架和隧道形式吗

我们平时看到的有轨电车大多是在地面上行驶，因为建造地面行驶的有轨电车更加经济，这也是有轨电车的强项，即能用更少的钱实现相同的目标。但有时为了特殊需要，也不得不让有轨电车走高架或者隧道。例如，北京市西北部的西郊线有轨电车，由于历史风貌保护区等原因，许多线路都在隧道中运行。这样一来，游客们在三山五园拍照的时候，就不会被时不时出现的有轨电车抢镜了。又如上海松江有轨电车需跨越沪昆高速段，故就在高架上行驶。

沿地面道路行驶是有轨电车的一大特色，不然就不能充分显出它的优点了。作为以地面线为主要形式的有轨电车，理论上它是可以走高架，也可以走地下的，三种形式各有利弊。采用高架、隧道形式可以提高有轨电车的运行效率，同时减少与其他交通方式的交叉影响，可是，随之而来的是造价大幅度提高，建设规模也变大，对周围居民生活造成负面影响。与高架、隧道形式相比，全地面的有轨电车形式更普遍，也更经济，例如松江有轨电车示范线，它与周围城市景观融为一体，已然成为松江地区的一张城市名片。

有轨电车沿地面行驶
（图片来源：上海松江有轨电车投资运营有限公司。）

30 有轨电车是如何建造的

有轨电车建造从正线的修建开始，工程建设须严格按照设计图纸进行施工。

有轨电车的轨道施工从路面工程开始，先进行测量工作，再开辟工作面，接着就是各种施工机械进场进行路基施工。随后要对原有地基进行加固，防止沉降，这样可以保证有轨电车的"跑道"足够平稳

引孔　　　　　　　　　　成桩

路面破除　　　　　　　　路槽开挖

垫层浇筑　　　　　　　　横梁钢筋绑扎

路基施工过程

和坚固。通常，地基加固方法有很多种，根据不同的性质和建设条件来选择性价比最高的方式。可以将原有的路基挖出来，换填成更高强度的填料，又或者是在原有路基中加入其他强度高的材料，可以是注浆，也可以是打桩。松江有轨电车在建设时遇到了管线复杂、交通繁忙和地质条件差等难题，通过多方案论证后，选择了在原有的道路基础上打入PHC预制管桩，然后在管桩顶面浇筑整体道床板，之后在整体道床板上架设钢轨，这样就能保证轨道的稳定性和承重，后期还须进行精确的调整。浇筑混凝土也是必不可少的。最后摊铺沥青面层或者绿化铺装等，正线施工就结束了。

正线基本建设完成后就要开始安装车站、接触网和信号灯等，进行路面清除竣工验收。值得一提的是，因为有轨电车的设施设备集成度高，外观轻巧简单，所以我们常会在工厂里将车站等结构预先制作完，再运到现场安装，这样一来，建设的成本和周期就会少很多，也会减轻对沿线居民的影响。有轨电车建设还有一项可不能漏掉，就是供电车检修整备用的的车辆基地。装备齐全后，有轨电车便可畅通无阻地在轨道上奔驰了。

松江有轨电车整体轨道板施工效果图及工艺流程图

 建造有轨电车下雨天也能施工吗

雨中漫步是不是很浪漫？那雨天施工是什么样的情况呢？下雨天其实并不适合施工，因为雨天工人操作不方便，很容易造成漏电和触电的危险，非常不安全，而且还会影响混凝土的质量，所以如果不是工期特别紧急，通常雨天是不施工的。

那问题来了，一年中有那么多雨天，若雨天不施工，工程能按时完成吗？虽然下雨的时候不施工，但是雨季施工也是有很多的。这段时间里，建设者们会要付出更多的努力来保质保量地完成工程。

第一步，编制施工组织计划，根据雨期施工的特点，将不宜在雨期施工的分项工程提前或推后施工。

第二步，合理组织施工安排，做到晴天抓紧室外工作，雨天安排

工人雨天施工

室内工作。

第三步，密切注意气象预报，做好防台防汛工作，必要时应及时加固在建的工程。

第四步，做好建筑材料的防雨防潮工作。

第五步，施工现场的道路、设施必须做到排水畅通，尽量做到雨停水干，以防止地面水排入地下室基础；基础工程应做好边坡防滑和防塌。

第六步，在雨季前做好现场房屋、设备的排水防雨措施，备足排水需用的水泵及有关器材，准备适量的塑料布、油毡等防雨材料。

第七步，遇到大雨应立即停止混凝土的浇筑，并对已浇筑混凝土的部位覆盖塑料薄膜。

第八步，所有机电设备搭设的防护棚要牢固，并采取防雨、防淹措施，安装接地安全装置，电箱内的漏电保护装置必须灵敏可靠且要经常检查。

第九步，施工现场的塔吊、施工电梯、外脚手架等必须安装防雷装置。

第十步，雨季施工要做好防滑加固工作。

第十一步，所有机械设备雨后使用应先检查电路是否完好、干燥等。

哇！原来建设者们为了优质的工程，在雨季施工期间有这么多烦琐而重要的工作要做呢！有轨电车的一路繁花离不开他们的努力。

 有轨电车两根轨道中间是什么

有个"秘密"大家知道吗？全世界的火车、地铁、有轨电车大部分都采用标准轨 1 435 mm，也就是说不考虑动力、信号等这些问题，火车可以开在地铁轨道上，有轨电车也可以开在火车的轨道上。是不是很难以置信呢？轨距和轨道车辆的转向架轮距相匹配的。别看两根钢轨之间空空的，其实下面可复杂得很呢！我们来看看钢轨之间是什么吧。

松江现代有轨电车接触网立柱

我们从地面上看得到的说起吧！有"辫子"的有轨电车两根轨道中间的是接触网立柱，立柱架起接触网与电缆，以保证接触网能给有轨电车供电。这就好比我们给手机充电一样。除了接触网，我们在两轨之间还会看见信号机和信号灯。这两样可都是保证有轨电车安全、准时运营的王牌武器！什么时候停，在哪里停，能不能停，以怎样的速度运行，信号机和信号灯都功不可没呢！有时为了保障行人和有轨电车的行车安全，还会在两轨之间设置隔离护栏。

　　除了地面上看得见的，两根轨道中间还有有轨电车的预埋管道、管线、电缆井等，管道、管线是埋在地下的，主要有供电用的电缆，有连接通信信号的管线，还有每隔几十米就设一道的用于给轨道排水的管沟等，这些"幕后英雄"都藏在路面铺装之下，在最终修好的路面上只能看到一个个有序的电缆井，还有运行着有轨电车的整洁、漂亮的轨道。

33 为什么路上的钢轨看上去会发光

明明有轨电车的新线刚刚开通,可是为什么钢轨看起来黯淡无光,甚至还有一点点锈迹斑斑的感觉?更奇怪的是,有轨电车正常运营一段时间后,轨道开始亮起来,亮得闪闪发光,专业上称之为"光带",这是由于有轨电车每天在轨道上行驶,车轮和轨道不断摩擦,时间长了就把钢轨擦得发亮了。因此,不要以为新钢轨才会发光。

2012年的某一天,铁路工作人员正在对万白铁路线进行日常的维护检修。当工作人员进入桥上进行检查时,他们突然发现,在火车护轨的内侧竟然刻着几个字,但年代久远已不太清晰。上面竟然用繁体字刻着"1903汉阳铁厂造"。要知道,即使在如今的科技水

长时间未使用的钢轨

平下，质量很好的钢轨的使用寿命也不过100年左右，还要经常面临生锈和检修的情况。质量一般的钢轨，也许30年不到就彻底报废了。这些100年前生产的铁轨还能够发光，真的可以说是"摩擦"的奇迹啊！

钢轨光带

 路上的钢轨是如何固定不动的

桥梁很高很大，每天还有那么多大车、重车开过，那么桥墩是怎么保持稳定的呢？因为在桥墩下面设置了牢固的桩基础。东方明珠广播电视塔举世闻名，它是怎么保持稳定的呢？我们在塔下面设置了牢固的桩基础，那路上的钢轨呢？有轨电车载了那么多乘客来来往往，道路上的社会车辆也会不时压过，它又是如何保持固定不动的？

不仅如此，很多人还会有这样的疑问，钢轨看上去就像直接埋在沥青路面里似的，那么天热的时候沥青变软轨道会不会固定不住啊？其实，有轨电车的轨道要承受很大的车辆荷载，固定轨道下面需要有坚固且稳定的结构层，轨道是靠轨枕支撑的，轨枕在整体道床板上，而整体道床板下面是稳固的路基或者桩基础。因此，看似简单的轨道

钢轨扣件系统

其实下面另有玄机。

具体来说，就是先将地基基础处理好，然后浇筑整体道床板，不过在浇筑整体道床板混凝土之前，会将轨枕预埋在整体道床板里面，这样轨枕就被固定在轨道板里了，然后再固定好的轨枕上面铺设钢轨，最后通过钢轨扣件系统将钢轨牢牢地固定在轨枕上，钢轨铺设完成后，最后在整体道床板上施工调平层和沥青面层。这样，钢轨就被牢牢地固定在沥青路面上了。

沥青路面中的轨道

35 轨道转弯的地方钢轨是怎么变弯的

中国制造已经享誉世界,汽车、飞机、轮船、火箭、卫星等均已实现了自主制造,有轨电车的钢轨制造和加工就更不在话下了。

出厂的钢轨是直的,标准长度为 25 m/根,可以通过焊接形成长长的无缝线路。当有轨电车线路遇到转弯时,需要将钢轨弯曲,从而使有轨电车能够转弯行驶。但是,这么坚固的钢轨怎么才能将其弯曲呢?这就要用到科技的力量,在需要弯曲的地方,工程师们会指挥技术工人利用弯轨机将钢轨弯曲成设计好的曲度,使钢轨达到塑性变形,然后再将其固定,从而达到改变方向的目的。

弯轨的原理就是利用特制的槽型轨轨勾、垫块来固定轨道两个点(相距 1 m),再利用千斤顶(特制的顶头,与槽型轨轨腰完全吻合)顶

弯轨机弯制钢轨

两个点的中点（0.5 m），控制正矢达到弯曲的效果，然后按间隔 0.5 m 一个点往前重复顶弯直至曲线段结束。之后，检查整个曲线段的正矢是否满足计算结果，对于不满足计算结果的线段，根据正矢差调整千斤顶压力后重复顶弯直至正矢满足要求。

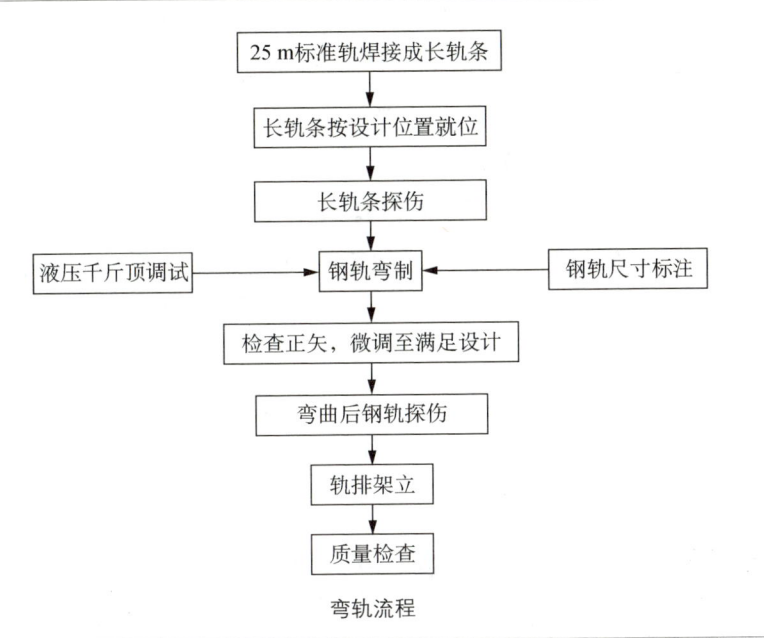

弯轨流程

 用乐高技术可以造有轨电车吗

　　有轨电车是建在城市道路上的，建设期对沿线交通有一定影响，那我们能像拼乐高一样把有轨电车迅速拼搭起来吗？答案是可以的。如今的有轨电车建设中已经应用了很大一部分预制拼装技术了，工程师们还在努力实现更高程度的可拼装化，争取让有轨电车能以"火箭"般的速度出现在大家的面前。

　　目前，有轨电车轨道板基础已经采用了预制桩基础、预制轨枕等，预制桩只需运到现场打入地下，预制轨枕运到现场后可直接拼装，目前我国正在研究轨道板预制拼装技术，相信很快就能全部实现预制拼装了，也就是"乐高"搭设技术。

　　你们知道吗，连用作给轨道排水用的管沟也都是从工厂运来直接埋下去的呢！并且有轨电车的车站因为规模较小，基本上都是工厂根

乐高火车

据设计师提供的方案事先预制好再到现场安装的。有轨电车的车辆大多采用模块化制造，这还真的有点像乐高里的小火车。所以，目前有轨电车真是可以用多、快、好、省来形容。但是，工程师们可是有更高的追求，比如如何将3D打印技术运用到有轨电车建设里，又比如怎么可以让拼搭速度更快，等等。

预制拼装轨道

 有轨电车施工打桩会影响附近居民吗

"今天你'苗'了吗？"，想必大部分人都接种过各种疫苗。是不是接种疫苗的时候什么感觉都没有，医生就已经打完针了。有轨电车施工打桩就像医生打针一样，慢慢地、轻轻地推进去。

有轨电车正线打桩一般采用静压桩的方式，它是工程桩基施工方法中的一种。静压桩法施工是通过静力压桩机的压桩机构以压桩机自重和机架上的配重提供反力来将预制桩压入土中的沉桩工艺。静压桩的优点是完全避免了锤击打桩所产生的振动、噪声和污染，因此施工时对桩无破坏、施工无噪声、无振动、无冲击力、无污染。静压预制桩的施工一般采用分段压入、逐段接长的方法。其施工流程为：测量定位→压桩机就位→吊装喂桩→桩身对中调直→压桩→接桩→再压桩→

静压桩施工

（送桩）→终止压桩→切割桩头。预制桩压入过程中会控制速度，不会产生任何噪声，也不会产生任何振动，因此完全不会影响附近居民。

早在20世纪50年代初，我国沿海地区就开始采用静压桩法。到20世纪80年代，随着压桩机械的发展和环保意识的增强，静压桩法得到了进一步推广。20世纪90年代，压桩机实现了系列化，且最大压桩力为6 800 kN的压桩机也研制成功了，这个重量约是100头成年大象的体重，它既能施压预制方桩，也可施压预应力管桩。静压桩法在我国湖北、广东、上海、江苏、浙江、福建等地区都有应用，尤其以上海、南京及珠江三角洲应用较多。目前，中国的静压桩施工数量占全世界一半以上。

有轨电车钻孔桩施工

38 轨道断了怎么办

一定会有人好奇，轨道断了怎么办呢？通常，轨道断了的情况是不会发生的，但如果真的发生了，为了保证有轨电车的安全运行，就需要将断轨进行更换。首先，开挖路面，让钢轨整体露出来。然后，拆除扣件，将断了的钢轨吊出来，再将新的钢轨吊入，并采用"铝热焊"的方式将接头焊接好，形成"无缝线路"。最后，调整好轨道的各项参数，恢复好路面结构就完成了。

如果发生断轨的有轨电车线路已经运营了，换轨作业势必会中断有轨电车的正常运营，为了不影响旅客的正常出行，在这种情况下，一般会采取公交接驳的方式运送乘客，从而保证旅客能够直达目的地。换轨作业越快，对线路的影响就越小，这对于有轨电车施工现场管理、

工人处理断轨

安全管理和协调配合都有很高的要求。施工前要进行多次推演，反复验证，将各项工序细化分解到每一步，以确保施工的顺利进行。

那么如何处理断轨呢？在人员机具充足的情况下，90 min 内即可完成断轨处理。铁路正线均为无缝钢轨，一处断裂势必是重伤，不可能直接补焊，这样下回还是会断裂，因为断轨的强度已经无法满足强度要求，唯一的办法就是将另一头同时切换，根据规定正线插入短轨的长度不能短于 6 m，所以另一头切换处至断轨处的长度必须大于 6 m，再将锯断的钢轨拔下路肩，换上同等长度的新轨，通过高温铝热焊焊接，之后冷却 20 min 即可，最后限速通行列车。

有轨电车日常维护是在晚上，白天通车频率紧凑没有时间进行维护。除去日常检查、测量以保证轨道距离和水平高低稳定之外，还有一项检测就是探伤，有一种探伤仪器像小车一样，人可以推着车在钢轨上走，电脑连接小车，小车路过钢轨均会把钢轨强度损伤情况反映在电脑上，所以往往在出现问题之前我们已经提早发现并解决了。

有人会问如果钢轨突然断裂，有轨电车仍继续运行，难道不会出事故吗？事实上，车站值班员知道轨道断裂后会及时上报列车调度，维修人员会得到封锁有轨电车区间维修时间点（天窗点），在这个时间内线路是封锁的，线路信号为红灯，即有轨电车是无法通行的。

39 路口的轨道会被大卡车压坏吗

有轨电车最大的特色是什么？它通常行驶在城市道路上，是城市形象的代表。这就能解释为什么有轨电车的轨面要和路面保持一样高度？高铁和地铁的轨道与普通路面是有高度差的，但是它们都有专属的车道，其他车辆无法进入。有轨电车则不一样，它的轨道是建造在路面上的，在十字路口的位置是没有护栏的，道路是有轨电车与所有社会车辆共用的，以保证其他车辆的通行。

有轨电车在进行线路设计时就考虑到要与社会车辆共用车道，路基和轨道的承重能力已经把泥头车、大货车包括在内，因此轨道不会轻易变形。一辆有轨电车自重 55 t，如果满载 368 人（按照成年人平均体重 60 kg 计算），总质量将接近 80 t。单向每 10 多分钟一趟约 80 t

路面和轨道标高对照

重的列车压过轨道都没有问题,而 80 t 这个质量已经超过很多大货车,而且有轨电车一般修建在市区,在市区范围内是禁止 5 t 以上货车进入的,所以轨道被大卡车压坏的情况几乎是不可能发生的。

除此之外,每日还会有专门的工程人员来回巡查有轨电车的轨道,检查有无轨道病害和异物。每天早上开始营运之前,全线都要先检查一次,确认无碍后方可开车。在列车运行期间,车载雷达会自动探测轨道前方,一旦存在异物将及时反馈给司机,系统甚至会自行刹车,以避免列车撞上异物。因此,大家可以放心大胆地乘坐有轨电车。

卡车行驶时压过有轨电车轨道

40 有轨电车施工都用哪些"秘密武器"

大家在路过建筑工地时总能看到大大小小好多机械设备,但也总叫不全这些大家伙的名字。我们就来看看有轨电车施工时都用了哪些强劲的"武器"吧!施工现场最常见的机械有挖掘机、起重机、吊车、渣土车、运输车、洒水车、叉车和压路机等。

打桩的时候会用到静压桩机和钻孔灌注桩机。静压桩机主要被用来加固路基使用。

挖掘机

起重机

运输车

洒水车

叉车

压路机

当需要穿越铁路和高架时，由于空间受限，会用钻孔灌注桩，施工相对简单，但是施工周期比较长，且泥浆很难处理，施工环境相较于静压桩会较为脏乱。

静压桩机

轨道铺设的时候会用到弯轨机（图片见本书第36问轨道转弯的地方钢轨是怎么变弯的）。焊接轨道的时候会用到焊轨机。集装箱式闪光

正循环钻机

焊轨机能进行国铁和城市轨道交通无缝线路的线上焊接、线下焊接和基地钢轨焊接,焊轨机进行焊接时不设高速运行系统,由动力牵引运行。

浇筑混凝土时,最常见的施工机械就是混凝土罐车和混凝土车载泵

闪光焊轨机

车。混凝土罐车是底盘加滚筒式搅拌泵,也有强制式搅拌泵。混凝土泵车是指利用压力将混凝土沿管道连续输送的机械,其在底盘加臂架泵,一般臂架长度为 28~33 m。混凝土泵车由泵体和输送管组成,按结构形式可分为活塞式、挤压式和水压隔膜式。

混凝土罐车

混凝土泵车

㊶ 路口的蓝白灯是什么

我们在有轨电车经过的路口经常会看到蓝白灯，其实那是有轨电车的信号灯，不光是有轨电车噢，基本上所有的轨道交通的信号灯都是这样的呢！换句话说，小汽车开车要看红绿灯，而有轨电车开车要看蓝白灯。另外，细心的人或许会发现蓝白灯比红绿灯更密集。这是因为有轨电车在行驶过程中要注意和前车之间的距离。通常，我们会将有轨电车的行驶线路划分为一个一个小分区，并规定一个分区只能被一辆有轨电车占用，而蓝白灯就表示分区里有没有其他有轨电车。蓝白灯是有轨电车信号系统的重要组成部分，它保障了我们乘坐有轨电车的安全性。

那么，有轨电车能用普通的"红绿灯"吗？

有轨电车信号灯

从安全的角度，有轨电车与地铁等轨道交通不同，它不在封闭区间内运行。国内外相关统计数据表明，有轨电车安全事故中80%以上都发生在交叉口附近区域内。

从效率的角度，有轨电车被定位为中运量公交，它是介于大运量的轨道交通和一般运量的公交之间的一种模式。在中运量规模的前提下，要有一定的信号优先措施来保证有轨电车的运行速度和服务水平。如果没有有效的信号协同控制，有轨电车的运行效率往往会受到交叉口的制约。统计数据表明，在没有信号协同控制或者信号优先的情况下，有轨电车的延误率非常高。

所以，从以上两个角度来说，有轨电车并不能直接使用普通的红绿灯，设置专用的且与道路信号灯协同的有轨电车信号控制是很有必要的。考虑到有轨电车的安全运营尤为重要，基于有轨电车车长、加减速性能等特征，就需要在交叉口进行特殊设计。为了保障有轨电车中运量公共交通的作用，需要在地面道路交叉口提供优先通行权，从而保障其运行速度、运能和准点率。只有拥有信号协同控制、信号优先辅助的有轨电车才能称之为便捷高效的现代有轨电车。

有轨电车蓝灯

 有轨电车的停车场一般设在哪里

有轨电车的停车场一般都设在起点站和终点站附近，这样方便发车、停车和检修等工作。但是，有轨电车停车场的选址是一个复杂的系统性工程，要综合考虑城市规划、居民出行、城市路网、经济状况、土地开发利用强度、当地人文景观和设计理念等因素。

比如，广州有轨电车海珠线的停车场位于猎德大道与珠江帝景小区之间的磨碟沙公园内。磨碟沙停车场与传统意义上的地铁停车场有着不同的设计理念和建筑形式，它是按照有轨电车主题式公园的基调进行区域布局，让建筑整体融合在公园中。同时，市民还可入内参观。

未来，有轨电车停车场会更多地结合城市空间，将综合商业、住宅、娱乐、休憩、观光和科普教育等功能融为一体。

有轨电车停车场
（图片来源：上海松江有轨电车投资运营有限公司。）

43 有轨电车的信号灯是如何与交通信号灯联动控制的

有轨电车作为道路交通系统中的一部分,虽然有自己的信号灯控制系统,但它首先要服从交通信号灯的运行规则。

想要了解这个问题就要知道有关交通信号灯的一些基本知识。交通信号灯有专门的控制系统,交通职能部门通过这个系统能及时了解道路交通运行情况并制订相应的控制方案,能控制信号灯来平衡交通压力,能充分利用交通监控系统的技术手段保障每条道路的畅通,从而使路网整体通行能力达到最大。

有轨电车在服从社会交通信号灯运行规则的前提下,使用单独的信号灯控制系统,属于被包含的关系。有轨电车信号以不破坏社会车

有轨电车与社会车辆在路口
(图片来源:上海松江有轨电车投资运营有限公司。)

辆的绿波为前提，有轨电车随社会车辆的信号灯通行；有轨电车仅在绿波适应情况较好的交叉口，在不影响社会车辆绿波的前提下，采取适当的绿灯延长或红灯早断；在偏离绿波带较大的交叉口，不采取任何主动信号优先，以避免对社会车辆绿波交通的影响。仅仅在沿线选取与相邻交叉口距离较远、交通畅通、线控效果好的部分连续交叉口进行主动绿波控制。

经过这些年的发展，有轨电车控制技术越来越成熟，但是依然存在很多问题，例如信号灯形式、设施设备安装位置要求、控制策略与适用条件、接口与互联互通都缺乏标准化。

现在每条线路的建设都会遇到同一个问题，就是两套信号系统的接口，每次都要进行不同系统的接口设计，由于不同系统提供的接口不同，确实需要经历一段时间的衔接和过渡。相信随着有轨电车在我国日益发展，信号协同技术会越发进步！

有轨电车与社会车辆信号联动控制
（图片来源：上海松江有轨电车投资运营有限公司。）

㊹ 为什么有些路口会有很短的垂直向轨道

有轨电车线路在设立时的初旨就是使其成为大城市大运量轨交的延伸和补充，又或是新城内部的骨干交通，将商业区、住宅区、工业区等串联起来，因此有轨电车的线路网络通常十分庞大，以方便每个区域的人们出行。然而，有轨电车的建设同城市的发展一样，都不是一蹴而就的，因此在有轨电车铺设轨道的时候，有时就会在路口留下很短的垂直向轨道作为远期线路互联互通的预留，待将来城市规划发展到哪里，就可以将轨道延伸到哪里。

这种十字交叉的钢轨学名叫"十字道岔"。道岔是一种使有轨电车

松江有轨电车网络预留道岔

车辆从一股轨道转入另一股轨道的线路连接设备，通常在车站、轨道交通车辆基地大量铺设。道岔在铁路线路上起着十分重要的作用。它是实现股道转换的重要设备，广泛存在于铁路线路上。现在，电液控制自动道岔已经取代了人工道岔，由于道岔区的接头数量多、曲线复杂，往往是行车安全事故的高发地带。另外，由于道岔具有数量多、构造复杂、使用寿命短、限制列车速度、行车安全性低、养护维修投入大等特点，因此，道岔与曲线、接头并称为轨道的三大薄弱环节。道岔的基本形式有三种：线路的连接、交叉、连接与交叉的组合。常用的线路连接有各种类型的单式道岔和复式道岔，交叉有垂直交叉和菱形交叉，连接与交叉的组合有交分道岔和交叉渡线等。"十字道岔"就是垂直交叉的一种。

 有轨电车通车以后沿线原来没有车站的地方可以增加车站吗

有一种说法叫作"轨道上的城市",意思不言而喻,就是指轨道交通的规划建设会带动城市发展。有轨电车开通以后会带动线路周边的商业与经济,线路周边楼盘一下全造起来了。面对客流需求变大问题,该怎么办?这个就不得不说一说相比地铁有轨电车有哪些优势了。轨道交通的站位选择及站形布置是一个重要环节,站位选择不仅影响客流吸引能力,还关系到城市建设的带动能力。在线路建设前,建设单位会进行详细的调研,例如什么位置设置车站、车站采用什么形式、

有轨电车车站

车站客流量多少等，最终都会有详细的调研数据，且形成的数据通常是比较科学的，并有一定的超前性，如对沿线可能会增加车站的地方进行预留。但是，难免也会遇到超出预期的情况。地铁线路很难加站，因为地铁系统十分复杂，地铁车站不是高架站就是地下站，即使设计时考虑了一定的预留，施工新增车站时也会大动干戈，且对正在运营的线路影响非常大。而有轨电车的加站绝对比地铁加站容易得多。新建车站肯定会影响有轨电车运营，但只需在有轨电车停运后建设就可以，通常会选在夜晚停运时，建设时间最快要2个月。另外，在有轨电车车站对应的轨道位置可以事先埋设很多信号装置，如信标，有了信标有轨电车才能准确停车。更重要的是车站运营所需要的供电和信号，这些都可提前预留接口，即使新增加的车站的位置无法提前预判，导致没有预留接口，强电、弱电的接入也是较为容易的。所以，在规划设计时就对设站需求进行预判是最佳选择，当然，后期需要增加车站时，有轨电车也比地铁容易得多。

有轨电车靠站停车
（图片来源：上海松江有轨电车投资运营有限公司。）

46 车站里为什么看不到电线和排水管

车站的电线和排水管就像人体的血管一样，我们仅凭肉眼肯定是看不到自己身上的血管的。车站里的电线和排水管都是隐藏起来的，主要有以下三个原因：一是车站的管线管道都有严格的规划，二是起到对管线管道的保护作用，三是美观。其实，加强隐蔽化设计，不仅可以减少对城市视觉景观的影响，还保证了历史城市街区风貌的原汁原味。在城市建设规划中，对于管线和管道都有严格的专业技术要求。我们看不见的那些管线都被规规矩矩地排列在地下或者管道里，隐蔽它们不仅仅是为了美观也是城市建设的一部分。

有轨电车车站集合了很多功能，整个站台里会有很多路强电和弱电以及排水管，站台板下面预埋有强电、弱电的管道，这些管道与车站立柱里面的预留管道相连通，这样强电、弱电管线通过站台板下面的管道经过立柱的管道往上走，就能到达车站顶面，从而满足车站强电、弱电的需求了。

若将管线、管道暴露在外面还会增加使用风险，车站作为人流聚集地必然是存在安全隐患的。车站的排水管则是从车站顶棚经过立柱预留排水管下到站台板底面的排水井的。

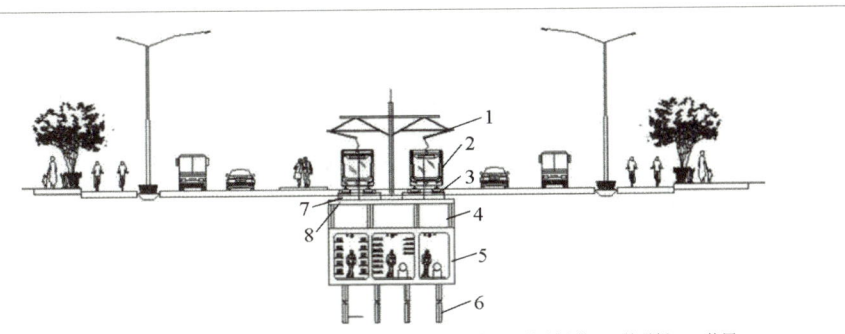

1—接触网；2—有轨电车；3—轨道；4—轨道桩基；5—综合管廊；6—管廊桩基；7—轨道板；8—垫层

有轨电车及地下管道布置

 为什么有轨电车的接触网看上去比地铁和高铁的简单

同样是小汽车,为什么有的车加 92 号汽油,而有的车却要加 95 号汽油?为什么小轿车的轮胎比大卡车的轮胎小很多?……

对于有轨电车而言,为什么其接触网看上去比地铁和高铁的简单?在回答这个问题之前,先了解一下高铁、地铁和有轨电车的区别。高铁列车一般是 8~16 节,每节车长 209 m,总长 1 672~3 344 m,速度最快可达 350 km/h,使用 25 kV 交流电;地铁一般是 6~8 节,每节车长 22.9 m,总长 137.4~183.2 m,速度最快可达 120 km/h,使用 1 500 V 直流电;有轨电车一般由 4~5 个模块组成,列车总长 35 m,速度最快可

有轨电车接触网

达 70 km/h，使用 750 V 直流电。就列车的体量、行驶速度和电压等级而言，有轨电车与地铁、高铁相差很大，所以它们对接触网的要求也是不一样的。其中，有轨电车接触网的技术要求相对低一些，结构也简单得多，投入的费用自然就少很多。高铁、地铁、有轨电车三者长度不同、速度不同，配套的接触网自然也是不同的。若高铁配备有轨电车的接触网则无法满足运行要求，有轨电车配备高铁的接触网又有点"奢侈"，功能不同，装备自然也不同，满足要求才是最好的选择。

48 没有"辫子"的有轨电车在哪里充电

有轨电车供电可分为有触网和无触网。作为无触网有轨电车的典型代表——储能式有轨电车,它就像是一台新能源电动汽车,如特斯拉、理想、蔚来、比亚迪……它们的核心就是电池,电池性能的好坏决定了它们的续航能力、充电速度等。随着科技的发展,电动汽车必然会取代传统的燃油汽车。而没有辫子的有轨电车也叫做超级有轨电车,配备有超级电容,这与新能源电动汽车的电池是一个道理,但是超级电容要比汽车的电池复杂得多、大得多,技术含量也高得多。超

有轨电车进站充电
(图片来源:淮安市现代有轨电车经营有限公司。)

级有轨电车只需充电 10 s 就可以行驶 10 km，且轨道上方不需要接触网，所以称它为"没有'辫子'的有轨电车"。这种有轨电车行驶速度非常快且能够高效地运行，那么它是如何充电的呢？需要配充电桩吗？

　　超级有轨电车的充电系统是比较高级的，采用无线充电，使用起来简单方便，这与手机的充电原理差不多，但是它的技术是非常复杂的。有轨电车的车站就像是一个"充电器"，有轨电车进站后就能立刻充电，而且充电速度非常快。所以，基本上每个车站都要安装超级电容的"快充"，以保证有轨电车稳定运营。

49 有轨电车线路全线都没有接缝吗

以前铁路的钢轨是一节一节的，通常是 25 m 一节，火车经过时就会发出"咔哒咔哒"的声音。我们熟知的绿皮火车以前也是采用这种钢轨，这种线路的专业术语叫做"有缝线路"。但是，现在我们乘坐高铁再也听不到"咔哒咔哒"的声音了，这是为什么呢？因为我们采用了非常先进的技术将一节一节的钢轨焊接成了整体，这种线路的专业术语叫做"无缝线路"。有轨电车也采用了这种"无缝线路"技术。所谓"无缝线路"，就是把不钻孔、不淬火的 25 m 长的钢轨，在基地工厂内用气压焊或接触焊的办法，焊成 200～500 m 的长轨，然后运到铺轨地点，再在现场焊接成 1 000～2 000 m 的长度，随后铺到线路上就成为一段无缝线路。当然，考虑到有轨电车的轨道主要是铺设在城市道路上，运输施工条件有限，因此也经常会采用散铺的方式，即现场铺

轨道焊接过程中

上轨道后再就地焊接。若没有加工、运输、施工上的困难，理论上讲，无缝线路可以无限长。这种彻底消灭轨缝的办法，我国铁路正在一些主要干道上采用。看到这里，你肯定会问，难道"无缝线路"就不存在热胀冷缩的问题吗？

物质不灭定律告诉我们，任何一种物质都不会消失，只不过从一种形式转化为另一种形式。钢轨的温度力也同样如此，它不可能消失，只是人们在铁路线上采用强大的线路阻力来锁定轨道，从而限制了钢轨的自由伸缩。在我国，通常采用高强螺栓、扣板式扣件或弹条扣件等对钢轨进行约束。

由于无缝线路中钢轨所承受的温度力的大小和轨温的变化有直接关系，所以我们锁定钢轨时必须正确、合理地选定锁定轨温，以保证无缝线路的钢轨在冬天不会被拉断，夏天不致胀轨跑道，危及行车安全。

无缝线路是铁路轨道现代化的重要内容，经济效益显著。据有关部门统计，与普通线路相比，无缝线路至少能节省15%的维修费用，延长25%的钢轨使用寿命。此外，无缝线路还具有减少行车阻力、降低行车振动及噪声等优点。

轨道焊缝

50 为什么围挡里经常有喷雾

每每路过正在施工的有轨电车工地，我们会发现里面有烟雾缭绕的景象，好多喷头不停地喷着水雾。这主要是因为建筑工地的粉尘无论是对工人本身还是对周边的群众都会构成很大的影响。随着国家对于环境保护越来越重视，工地必须设置除尘降尘装置和设施。

有轨电车施工围挡内的喷雾就是利用"雾霾"的相似原理，在围挡周围布置一圈水管不间断地"喷雾"，将雾水化为细微的水颗粒物，此方式见效快、降尘率较高，特别是对于空气中可吸入的粉尘的治理，

施工围挡

能发挥较强的功效。粉尘越小，在空气中滞留的时间越长，被人体吸入的几率就越大，对健康的损害也就越大，而雾化水颗粒物接近粉尘大小，能够充分地吸附凝结在粉尘上，粉尘在增重的情况下会向地面沉降，从而实现降尘的目地。

工地围挡降尘喷淋系统

51 修建有轨电车时遇到市政管线怎么办

说起市政管线,首先映入我们脑海的应该是像蜘蛛网一样架在电线杆上的密密麻麻的电线。

其实,市政管线有两种:一种是架空的,像电线、通信(移动、联通、电信)、有线电视等线缆;另一种是埋地的,像雨水管、污水管、自来水管、燃气管等。一般情况下,像电线、通信(移动、联通、电信)、有线电视等架空线是可以埋入地下的,但是像雨水管、污水管、自来水管、燃气管等基本上只能埋入地下而不架空,因为这些管子太粗太多,架空的话既不美观也不经济。如今,我国大力发展综合管廊,在不久的将来,所有的管线都会埋入地下,地面上将再也见不到这些"蜘蛛网"了。

地下是给排水管,以及各种电线、电缆、电话线等。这些设施是交通、城镇建设和人民生活中不可缺少的重要组成部分。因此,如何

市政架空电线

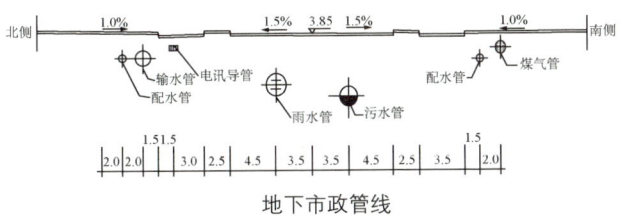

地下市政管线

保护这些设施的完好和正常使用以及管道连接时的安全工程，是有轨电车施工过程中的一项重要任务，也是保障安全生产及合理安排工程顺序必须做到的。

首先，专业技术人员按照设计图纸的标准进行核对，逐一落实，并在施工现场做出明显的标志。其次，召集沿线有关单位参加协调会议，了解并标明地下设施情况，为了做到万无一失，可用微波管线仪进行探测，以提高安全性。最后，根据落实了解到的情况估计未来可能会出现的问题，并制订切实可行的保护措施方案和施工安全措施。

有轨电车线路在修建过程中会碰到与地下管线或架空线冲突的情况。一旦遇到这种情况，就需要将原有的管线或架空线更换位置，重新布置一条新的管线或架空线。有轨电车工程本身的管线也是埋入地下的，在有轨电车轨道中间预埋了很多管道，每隔30～40 m设置一个电缆井，之后有轨电车需要的强电、弱电管线就在地下延伸。

有轨电车预埋管道效果图

52 有轨电车的钢轨那么长，是怎么运到施工现场的

篮球巨星科比·布莱恩特（Kobe Bryant）曾有一句广为流传的话："你见过凌晨四点的洛杉矶吗？"有轨电车钢轨的运输工人可以说一句类似的话："你见过凌晨四点的工地现场吗？"由于钢轨的长度一般是 25 m，这种长度的物品运输起来非常麻烦，尤其是在城市中，很多弯道都过于狭小，只有主干道才能顺利通行，为了缓解交通压力，也为了不影响居民出行，钢轨运输车只有在深夜才会出行，将钢轨运到现场。

起重机装卸钢轨

你会发现，将吸管从中间拿起来时两端会不断下沉，形成一个弧线，而 25 m 长的钢轨从中间拿起来时，两端也会向下弯曲，因此，单单从中间拿起来就会得到一个弯曲的钢轨。然而，有轨电车线路要的是直钢轨，所以钢轨在装卸过程中就非常讲究。在钢轨装卸过程中，起吊质量约为 1 500 kg 的钢轨需要起重机来帮忙，通过两台起重机将钢轨拎起，同步移动，最终将钢轨放置到运输车辆上，并在施工现场同步作业，将钢轨从车上卸下。这样有轨电车的钢轨就被运输到了施工现场。

钢轨运输

53 有什么方法能防止有轨电车的钢轨生锈

生锈是一种化学反应，本质上是金属的氧化反应。最常见的生锈现象是铁制品长期暴露在空气中和氧气发生了氧化反应，或者是被水中的氧元素侵蚀成为氧化物。锈也分为浮锈、锈渍和锈斑。

钢轨长年暴露在空气中，经历风吹日晒雨淋，不可避免地会出现生锈的现象。钢轨是用高锰钢制成的，其中并不含铁元素。在钢轨的上部，也就是和车轮接触的那一层，又加入了另一种金属——铟，由于它的存在，使得钢轨上部分在保证硬度的情况下，同时具有一定的韧性，这对于火车的车轮很重要，钢轨和"轮箍"接触、碰撞的时候，

钢轨生锈

便会具有一定的弹性，从而保证了火车的安全运行。

激光清洗设备可以很好地解决钢轨生锈问题。激光清洗的原理是利用高频高能激光脉冲照射工作表面，涂覆层可以瞬间吸收聚焦的激光能量，使表面的油污、锈斑或涂层发生瞬间蒸发或剥离，从而高速且有效地清除表面附着物或表面涂层。由于激光脉冲作用时间很短，因此，在适当的参数下，激光清洗并不会伤害金属基材。同时，激光清洗设备操作简单，可节省人力成本。

钢轨打磨

54 有轨电车车上和车站上的监控摄像头与公安局联网吗

天网监控系统是指为满足城市治安防控和城市管理需要，利用GIS地图，由图像采集、传输、控制、显示等设备和控制软件组成的，对固定区域进行实时监控和信息记录的视频监控系统。天网工程通过在交通要道、治安卡口、公共聚集场所、宾馆、学校、医院以及治安复杂场所安装视频监控设备，利用视频专网、互联网、移动等网络通过网闸把一定区域内所有视频监控点采集的图像上传到监控中心（即"天网工程"管理平台），通过对刑事案件、治安案件、交通违章、城管违章等图像信息进行分类，从而为强化城市综合管理、预防打击犯罪和突发性治安灾害事故提供可靠的影像资料。

视频监控系统

公安机关通过监控平台可以对城市各街道辖区的主要道路、重点单位、热点部位进行 24 小时监控，以有效消除治安隐患，提高发现、抓捕街面现行犯罪的水平。现代有轨电车作为新兴的无污染环保交通工具，为了保障每一个公民的出行安全，有轨电车车站的监控摄像头也是接入公安局监控系统的，这不仅提高了社会的文明程度，也提升了人民的安全感。

有轨电车站台安装的监控摄像头

55 有轨电车的扣件和螺丝都是用扳手一个一个拧紧的吗

工匠精神是从业者的一种职业价值取向和行为表现，基本内涵包括敬业、精益、专注和创新等方面内容。有轨电车建设者们秉承着的正是执着专注、精益求精、一丝不苟的工匠精神。它体现在建设者们工作的方方面面。下面让我们看看工匠们是怎么安装那么多有轨电车扣件的吧！

有轨电车的钢轨每根都是 25 m 的标准长度，一根 25 m 长的钢轨至少需要 8 个扣件，如松江有轨电车示范线 1 号线，线路全长 15.58 km，

工人在拧紧螺栓

就需要近 5 000 个扣件，每个扣件至少有 2 个螺丝，也就是说这样一条完整的有轨电车线路需要拧紧约 1 万个螺丝。在如此巨大的数量下，相应的却是每个螺丝都不能马虎，因为每个螺丝都起着保护电车安全的重要职责。就像我们有轨电车建设中的每一名劳动者，他们秉持着专注、精益求精、一丝不苟、追求卓越的工匠精神一直奋斗在建设一线。

那么，为什么一定要劳动者用扳手拧螺丝？因为对于常规的机械工具而言，工作条件太过苛刻，机械需要相配套的电力设施和有一定限制的使用环境，而有轨电车尚在建设中的道路虽然能达到这些条件，但是消耗十分巨大。因此，一线的劳动者们便通过自己的双手在苛刻的条件下作业，让有轨电车可以安稳地跑在轨道上。

有轨电车的每一个扣件、每一颗螺丝背后都是技术工人的心血和劳动者的汗水。建设一线的劳动工人用自己的双手将它们一个个拧紧，汗水滴在螺栓拧紧器上，承接的是每一名劳动者在新时代书写出的属于他们自己的"工匠故事"。

56 为什么扣件要"戴帽子"

什么是扣件？扣件是连接钢轨和轨枕的中间连接零件，其作用是将钢轨固定在轨枕上，并保持轨距和阻止钢轨相对于轨枕的纵横向移动。在采用混凝土轨枕的轨道上，因为混凝土轨枕的弹性较差，所以扣件还需提供足够的弹性。为此，扣件必须具有足够的强度、耐久性和一定的弹性，并且有效地保持钢轨与轨枕之间的可靠连接。此外，还要求扣件系统零件少，安装简单，便于拆卸。

扣件裸露在外易造成损坏，因此扣件需要得到保护，比如我们给它戴一个"安全帽"来保护它的顶部，使得扣件减少损耗的同时也能延长使用寿命。扣件是被埋在混凝土里的，为了保证用于固定槽型轨的扣件系统在掩埋后与泥土分离以保持扣件系统的弹性，就需要在扣件系统的外面设置扣件罩。

当轨道通过与其他道路相交的平交道口时，道口扣件系统铺设处的地面会通行机动车并承受其他较大压力，在这种情况下，扣件罩容易变形、塌陷，甚至造成道口处路面的变形和开裂损坏。基于此，为了适应现代有轨电车线路的建设，需要研发一种强度高、耐碾压、不易变形的道口扣件罩；同时，由于铺设完成后需要完全掩埋在泥土中，道口扣件罩必须具备耐腐蚀、绝缘性能好等特性。综合考虑各种非金属材料的强度、生产工艺难度、材料成本和绝缘性能等因素，最终选用玻璃钢材质来生产道口扣件罩，并采用模压工艺成型。不饱和聚酯玻璃钢材质具有抗弯曲、冲击强度大、体积电阻率高的特性，可以保证产品具有良好的抗变形能力和绝缘性能。

道口扣件罩由顶部、底部、承压面和内腔组成。顶部为一个平整的面板，面板上设置若干个螺栓孔，可以通过这些螺栓孔将扣件罩安装在铁路钢轨两侧的柔性材料上。底部也是一个平面，方便置于轨枕或轨下基础上，底面设置了开口与内腔相连，便于安装扣件罩，扣件罩的内腔用于安放扣件系统，其形状根据配用的扣件系统进行适配，在内腔中设置两条纵向的加强筋，扣件罩的承压面为弧面，考虑到降低制造工艺的难度，故将扣件罩的承压面设计成四分之一球面。

有轨电车扣件罩

 两根钢轨之间的距离是固定的吗

没有圆规和直尺，就无法画出圆形和方形。正因为有了约束，线段才不会偏离预计的轨道。正如钢轨之间的距离一样，都有严格的要求，不能随意更改。两条钢轨之间的距离叫做轨距，以钢轨内侧距离即内距为准。国际铁路联盟（International Union of Railways）1937年制定了以1 435 mm作为标准轨。比标准轨宽的称为宽轨，包括1 676 mm，1 524 mm和1 520 mm等；比准轨窄的称为窄轨，包括1 067 mm，1 000 mm，762 mm和600 mm等。

标准轨是由英国提出的，设计及建造史托顿和达灵顿铁路的英国

使用轨距尺测量钢轨的轨距

工程师乔治·史蒂芬逊提出了1 435 mm的轨距，并成功说服火车制造商生产1 435 mm轨距的机车及车辆。由于史提芬逊成功设计的铁路是众人模仿的对像，因此这就使得1 435 mm轨距变得流行。1845年，英国皇家专员建议将1 435 mm作为标准轨距。1846年，英国国会通过法案，要求将来英国所有的铁路都使用标准轨。

检验钢轨之间轨距的仪器就是轨距尺。轨距尺是一款专用计量器具。轨距尺的特征是尺杆由木尺杆和金属尺杆通过折叠机构将两尺组成一个复合式的尺杆。

经检验合格的轨距尺在使用时一般可以不考虑方向，但在测量道岔时必须考虑方向，以免发生差错或测量不准。当检测线路轨距时，轨距尺必须放置在钢轨工作边垂直的位置上。为了避免因放置位置的不正确而导致测量误差，常常把固测端紧靠一股钢轨的作用边，活测端做小量的前后移动，取其最小量值作为该处轨距值。测量道岔时须将固测端的固定块外测量面紧靠在辙叉心轨作用面上，活测端的活测块外测量面与基本轨作用边接触，如此才可测得准确的轨距值。

58 钢轨的水平位置和标高用什么仪器测量

随着科技的发展，传统生产方式发生了改变，生产工艺逐渐趋于现代化，生产自动化程度也得以提高，从而实现了低污染、低消耗和低能耗。技术含量的提高，不仅节省了大量人力、物力，也降低了生产成本，提高了产品质量。例如，炼铁技术的发展使得铁器被应用于农业生产，代替了石器工具；机械农机的使用代替了手工农具。而科学的数据对于工程建设来说，同样是极为重要的因素。这些在施工建设过程中所获取的重要数据都源于各种专业的设备，例如钢轨的水平位置、标高都是通过水准仪、全站仪等专业测量设备得到的。

水准仪

随着科技的进步，这些专业设备也在不停地迭代更新。最早的测量仪器是水准仪，它是建立水平视线测定地面两点间高差的一种仪器。水准仪主要根据水准测量原理来测量地面点之间的高差。其主要部件有望远镜、管水准器（或补偿器）、垂直轴、基座和脚螺旋。

　　水准仪之后是全站仪，它的全称是全站型电子速测仪。全站仪是将电子经纬仪、光电测距仪及微处理器相结合的一种光电仪器，它是人们在角度测量自动化的过程中应运而生的。各类电子经纬仪在各种测绘作业中起着巨大的作用。

　　随着电子测距技术的出现，大大地推动了速测仪的发展。用电磁波测距仪代替光学视距经纬仪，使得测程更大、测量时间更短、精度更高。全站型电子速测仪则是由电子测角、电子测距、电子计算和数据存储单元等组成的三维坐标测量系统，其测量结果能自动显示。同时，它也是一种能与外围设备交换信息的多功能测量仪器，它的出现显著提高了测量人员的工作效率。

全站仪

59 钢轨焊接的方法有几种

我们在前面说到了现代有轨电车多采用无缝线路,那么焊接技术就成了保证轨道质量的关键。钢轨焊接的方法有很多种:闪光接触焊、气压焊、铝热焊和电弧焊。

(1)闪光接触焊。钢轨形成对接接头,通电并使其端头逐渐靠近,达到局部接触,利用电阻热加热接触点,使端面融化,直至端部在一定深度范围内达到预定温度时,迅速施加顶锻力完成焊接。闪光接触焊的优点:自动化程度高,工艺稳定,焊接质量优良,焊接接头为致密锻造组织,接头韧性好,力学性能接近钢轨母材,生产效率高,是国内最常用的焊接方式。缺点:焊机价格昂贵,一次性投入大,设备复杂且需要配备大功率电源或柴油发电机组,焊接工艺参数较多,调节较为烦琐;同时,闪光接触焊焊接过程中钢轨烧损严重,每个接头消耗钢轨 25～50 mm。

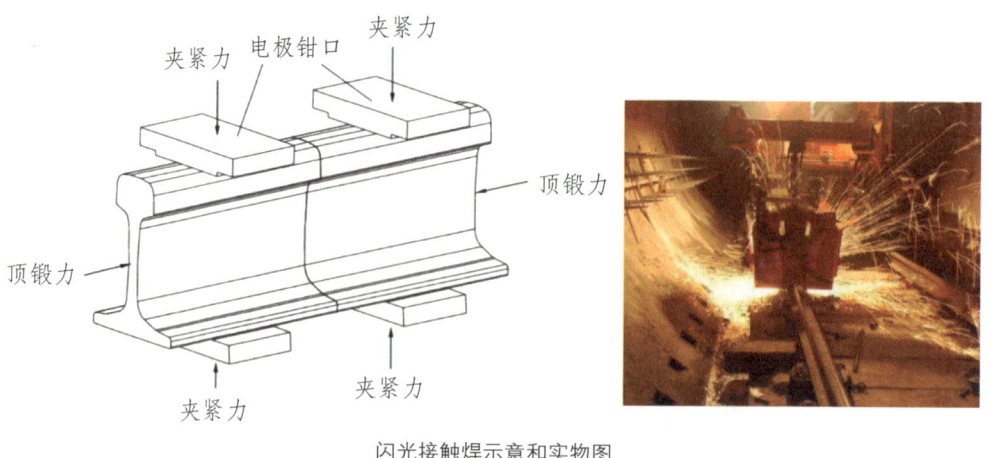

闪光接触焊示意和实物图

(2)气压焊。利用气体燃料产生的热能将钢轨端部加热至熔化状态或塑性状态，再施加一定的顶锻力完成焊接。气压焊的优点：一次性投资少，焊接时间短，焊接质量好，焊接接头为致密锻造组织，主要用于现场联合接头焊接。缺点：焊接时对接头断面的处理要求十分严格，焊接工艺受诸多人为因素影响，接头质量波动性较大，不易控制；每段钢轨焊接头消耗约 30 mm。

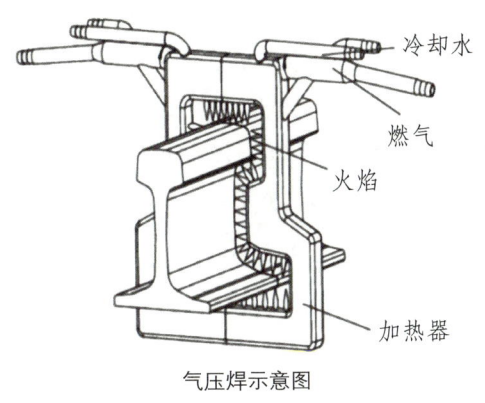

气压焊示意图

（3）铝热焊。铝热焊是指将铝和氧化铁（含添加剂）在一定温度下进行氧化还原反应，形成高温液态金属并注入特制的铸模内，再将

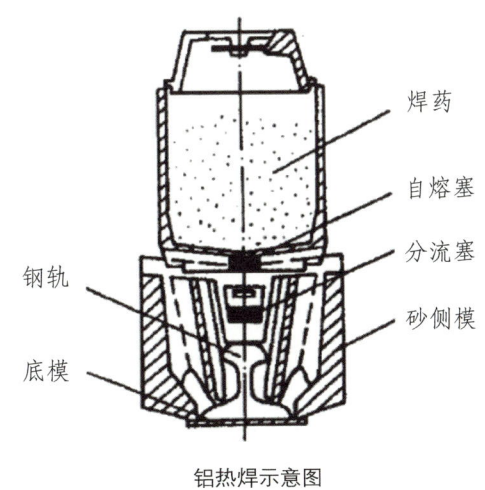

铝热焊示意图

两个被焊钢轨端部熔化,从而实现连接的一种焊接方法。铝热焊的优点:设备简单、操作方便,生产成本较低,且没有顶锻过程,接头外观平顺性较好,占用封锁时间短,尤其适用于断轨修复、跨区间无缝线路道岔联焊和运输任务繁忙的线上联焊。缺点:强度低、质量欠稳定、断头率高、综合性能差,是无缝线路最薄弱的环节。

(4)电弧焊。电弧焊是采用焊条或焊丝与钢轨端面产生的电弧热熔化钢轨和填充接头间隙,并利用铜挡块强迫成型,冷却后形成焊接接头,它是熔化焊方法中的一种。电弧焊的优点:采用合适的焊条和焊丝成分,电弧焊接头可以得到性能优异的贝氏体组织,综合性能可达到母材水平,抗拉强度和耐磨性能等有时甚至超过钢轨母材。缺点:目前推广较少,对焊接工艺、技术水平的要求较为严格。

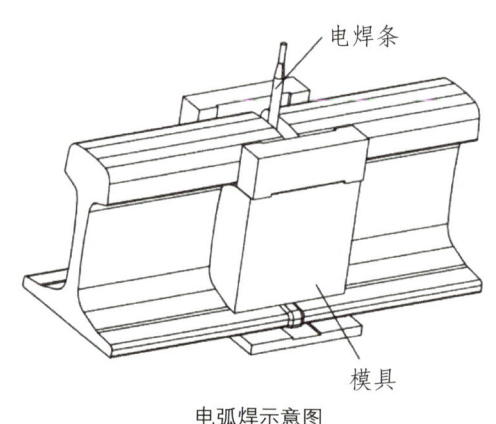

电弧焊示意图

60 钢轨损坏了能修补吗

钢轨是会损坏的，钢轨在使用过程中的损坏就像人生病一样。所以，当钢轨"生病"时，我们需要"对症下药"。钢轨的焊接一般可分为对接性焊接和修补性焊接。钢轨对接性焊接可采用铝热焊，即把铝粉和铁的氧化物按比例混合，用模具固定钢轨，在接缝处填铝热剂，用镁条点燃。铝热焊由于操作复杂，热影响区大，现在已很少使用。目前常用的是专用对焊机，但焊后钢轨总长度会减少一点。

修补性焊接是当发现局部钢轨表面出现点蚀小坑，影响有轨电车运行的平稳性，但钢轨又没有达到需要更换的程度时，可采用电焊修补，即先用火焰将钢轨预热到一定温度，然后用电焊补焊，用加热来控制冷却速度，当降到一定温度后，再用砂轮沿纵向进行修平。

钢轨铝热焊

61 那么硬的钢轨是怎么切断的

钢轨那么硬，靠普通的人力自然无法将它切断，于是就有了专门针对钢轨切割的工具。钢轨切割有专门的设备，叫做钢轨切割机，其主要作用是将钢轨按要求快速准确地切断。钢轨切割机的操作很简单，控制好切割尺寸后，拧紧夹具，固定牢靠切割机头与夹具固定架，然后启动钢轨切割机，准备开始工作。钢轨切割机分为内燃钢轨切割机和电动钢轨切割机。其中，内燃钢轨切割机以汽油机为主要动力，适合在野外等无电源的场合使用。电动钢轨切割机的工作原理是：依据无齿锯切削原理，利用摆动机构使转动的薄片砂轮轴线绕着钢轨轴线

工人正在用钢轨切割机切割钢轨

沿着一定轨迹往复摆动，薄片砂轮对钢轨进行切割。薄片砂轮回转平面与钢轨断面接触长度较小，从而减少薄片砂轮的磨耗，提高薄片砂轮的利用率和工作效率。

机械切割钢轨

 有轨电车线路施工所有的材料都是计算得正好的吗

有轨电车施工所有的材料并不能完全计算得正好。正如我们在搭乐高的时候总会多出一些小零件，这些乐高模型在搭建前已进行了电脑模拟计算，并得到较为精准的积木数量，但依旧会准备更多的积木作为备用，主要目的是为了应对出现材料破坏或者遗失的情况。有轨电车施工所需材料的数量是工程师们经过精密计算得到的结果，但是考虑到施工过程中同样难免会发生材料的损坏或者遗失，因此就会多备一些以防万一。

首先，诸如螺丝一类的小材料由于施工工人或者运输人员的不注意经常会遗失，此时就需要更多的材料来弥补这部分的缺失。其次，诸如

材料集中堆放区

黏性极强的橡皮泥会时不时残余在粗糙的表面一样，混凝土也容易残余在运输的各个环节中，从而形成一定的损耗。那么，是不是有轨电车所有的施工材料都会有富余呢？其实也不是。有轨电车线路建造过程中最重要的材料——钢轨，因为其长度统一固定，所以能通过计算得到所需要的钢轨数量，并且由于钢轨很大，重量也不轻，因此并不容易遗失。在很多情况下，有轨电车施工所需的钢轨数量都是计算得正好的。

钢筋集中堆放区

钢轨集中堆放

63 有轨电车线路检修时为什么要在两头挂线

　　电给予我们日常生活很多的便利，但同时也给我们带来了很多安全隐患。在日常生活中，我们需要时刻提防漏电所引发的安全问题。如果你细心的话就会发现，家用小型用电设备，如台灯、充电器、电吹风等的插头都是两线插头，而家用大型用电设备，如空调、冰箱、洗衣机等的插头都是三线插头。明明两线插头就能让电器工作，为什么有些却要用三线插头？难道是因为家用大型用电器材需要更多的电能，所以才需要使用三线插头吗？

接地线

然而，答案并不是这样的。大型家用用电设备的第三个竖着的插头是接地线。家用电器由于绝缘性能不好或者使用环境潮湿，会导致其外壳带有一定的静电，严重时会发生触电事故，因此为避免事故发生，在电器的金属外壳上面连接一根电线，将电线的另一端通过插座接入大地，从而将电导向大地释放掉，这根电线就叫做接地线。

在有轨电车检修的时候也需要这种将电导向地面的电线，这种电线叫做地线。地线能将残余的电导入地下，以确保不会发生触电问题，同时，保证检修人员能够安全作业。有时线路可能会发生内部断裂，但我们无法从外部察觉到，而有轨电车的线路是两头同时输送电压，单独一头挂地线，若另一端没有挂地线的话，当在没有挂地线的那一头检修时，检修人员很有可能会发生触电事故。所以，当有轨电车进行检修时，需要在两头挂地线，以免发生意外。

64 为什么有时使用工字轨，有时使用槽型轨

我们先要了解工字轨和槽型轨的工作原理。工字轨的工作原理有些类似于古时候人们抬轿子，四个轮子作为支点，两边的钢轨架着四个轮子从而将列车架起来，并让有轨电车在轨道上平稳运行。但是在工字轨上运行的电车会有非常轻微的摆动，并呈 S 形前进，因而在轨道内侧需要预留一部分空间来让车辆摆动。而槽型轨是将有轨电车的车轮卡在轨道的槽中前进，因此并不需要在轨道内侧预留空间。

有轨电车槽型轨

有轨电车之所以正线通常采用槽型轨，这与它的主要行驶区域有关，有轨电车作为城市道路交通的一分子，在道路交叉口与其他社会车辆混行。正是因为这个特点，它的轨道必须是与城市道路齐平，且不可有大的缝隙。槽型轨可以完全贴合城市道路的路面，使汽车能平稳通过。工字轨则大多用于停车库这类不用埋入沥青路面的地方，当然若要过车的话也可以采用工字轨专属的橡胶道口板铺路，这样便可以过车了。

有轨电车工字轨

65 需要对钢轨接头进行检测吗

钢轨若是没有焊接好很容易导致车辆脱轨。而有轨电车一旦脱轨可不像模型小火车那样能靠人力随意停止，而是很有可能发生严重的安全事故。但是，焊接钢轨的工人们无法保证将全部钢轨都焊接得很好。然而，钢轨焊接是否到位又是极其重要的。想要解决这个问题就要像老师在考试前要求的一样，对于做过的题目一定要进行检查，所以对于钢轨焊接后的接头是一定要检测的。

钢轨焊接问题可以分为"内伤"和"外伤"。钢轨的外伤就是表现在外观上的问题，如表面不平整，这时我们要用塞尺——一种检测平整度的尺子来确定钢轨的平整度。钢轨的内伤往往是无法从外部观察

槽型轨焊接现场

到的,就像人被撞伤之后,骨头开裂了却无法从外表看到一般,轨道焊接时也会出现内部裂纹,这些我们无法看到,但是可以靠听,当然不是靠人耳听,而是通过精密的仪器——超声波探伤仪使用超声波来听内部是否存在裂纹。

钢轨焊接接头细节图

焊缝

参考文献

[1] 王宇. 澳大利亚拟花45年时间建一条高铁[J]. 现代企业, 2013(4): 1.

[2] 杨科伟. 2021年楼市路在何方[J]. 理财（市场版）, 2021(1): 24–26.

[3] 张新, 孙彦武. 现代有轨电车柔性接触网施工技术[J]. 工程技术研究, 2020, 5(15): 95–96.

[4] 张剑涛, 杨珂, 杨锐. 有轨电车供电系统负荷等级与外电源方案[J]. 都市快轨交通, 2014, 27(2): 113–115.

[5] 巩晨. 中国人口与经济关系问题研究[J]. 人力资源, 2020(6): 144–146.

[6] 包俊君. 上海公交新风景：现代有轨电车[J]. 人民公交, 2010(7): 49–50.

[7] 肖丽婵. 中国海活额寄居蟹科（Diogenidae）系统分类学研究[D]. 北京：中国科学院大学, 2013.

[8] 曹益华. 我国焊接生产现状与焊接技术的发展[J]. 科技资讯, 2019, 17(11): 73–74.

[9] 有种大工程叫中国天网[J]. 兴趣阅读, 2018(31): 16–19.

[10] 项竹安. 闪光对接焊接钢筋技术[J]. 新技术新工艺, 1991(5): 14–15.